# Schritte
## international NEU 1+2
Niveau A1

Deutsch als Fremdsprache
**Intensivtrainer**

Daniela Niebisch

Hueber Verlag

Das Werk und seine Teile sind urheberrechtlich geschützt.
Jede Verwertung in anderen als den gesetzlich zugelassenen Fällen
bedarf deshalb der vorherigen schriftlichen Einwilligung des Verlags.

Hinweis zu § 52a UrhG: Weder das Werk noch seine Teile dürfen
ohne eine solche Einwilligung überspielt, gespeichert und in ein
Netzwerk eingespielt werden. Dies gilt auch für Intranets von Firmen,
Schulen und sonstigen Bildungseinrichtungen.

Eingetragene Warenzeichen oder Marken sind Eigentum des
jeweiligen Zeichen- bzw. Markeninhabers, auch dann, wenn diese
nicht gekennzeichnet sind. Es ist jedoch zu beachten, dass weder das
Vorhandensein noch das Fehlen derartiger Kennzeichnungen die
Rechtslage hinsichtlich dieser gewerblichen Schutzrechte berührt.

| 3. 2. 1. | Die letzten Ziffern |
|---|---|
| 2021 20 19 18 17 | bezeichnen Zahl und Jahr des Druckes. |

Alle Drucke dieser Auflage können, da unverändert,
nebeneinander benutzt werden.
1. Auflage
© 2017 Hueber Verlag GmbH & Co. KG, München, Deutschland
Umschlaggestaltung: Sieveking · Agentur für Kommunikation, München
Zeichnungen: Jörg Saupe, Düsseldorf
Gestaltung und Satz: Sieveking · Agentur für Kommunikation, München
Redaktion: Julia Schulte, Berlin
Druck und Bindung: Kessler Druck + Medien GmbH & Co. KG, Bobingen
Printed in Germany
ISBN 978–3–19–331082–8

# Inhalt

## Schritte international Neu 1

| | |
|---|---|
| Lektion 1 | 4 |
| Lektion 2 | 9 |
| Lektion 3 | 14 |
| Lektion 4 | 19 |
| Lektion 5 | 24 |
| Lektion 6 | 29 |
| Lektion 7 | 34 |

## Schritte international Neu 2

| | |
|---|---|
| Lektion 8 | 39 |
| Lektion 9 | 44 |
| Lektion 10 | 49 |
| Lektion 11 | 54 |
| Lektion 12 | 59 |
| Lektion 13 | 64 |
| Lektion 14 | 69 |

**Lösungen** — **74**

# Grammatik

**1 Ergänzen Sie.** _____ /5 Punkte

a ◆ W_____ kommst du?
  ○ Aus Griechenland.
b ◆ _____ ist Ihr Name?
  ○ Barbara Koch.
c ◆ _____ sprechen Sie?
  ○ Arabisch und ein bisschen Deutsch.
d ◆ _____ heißen Sie?
  ○ Ich? Ich bin Andreas Lehmann.
e ◆ _____ ist das?
  ○ Das ist Frau Bauer.

**2 Schreiben Sie Sätze.** _____ /5 Punkte

a ist – mein Name – Anne Bär – .  *Mein Name ist Anne Bär.*
b du – wer – und – bist – ? _____
c Sandra – heiße – ich – . _____
d kommst – woher – du – ? _____
e Österreich – ich – aus – komme – . _____
f spreche – ein bisschen – ich – Englisch – . _____

**3 Ergänzen Sie in der richtigen Form:** *heißen – kommen – sein*. _____ /5 Punkte

◆ Guten Tag, ich *heiße* Brigitte Weiß.
  Und wie _____ Ihr Name?
○ Hallo, Frau Weiß.
  Ich _____ Stefan Maier.
◆ Woher _____ Sie, Herr Maier?
○ Ich _____ aus St. Gallen.
  Das _____ in der Schweiz.
◆ Ah, schön! Aus der Schweiz!

GRAMMATIK _____ /15 Punkte

# Wortschatz

**4 Meine Wörter im Kurs: Was passt? Ordnen Sie zu.** ...... /3 (6 x 0,5) Punkte

ergänzen  ansehen  hören  lesen  markieren  schreiben  ~~zeigen~~

a  ein Wort _zeigen_   ein Wort ............   ein Wort ............   ein Wort ............

b  ein Gespräch ............   ein Gespräch ............   ein Foto ............

**5 Ordnen Sie zu.** ...... /4 (8 x 0,5) Punkte

Familienname  E-Mail  Hausnummer  Postleitzahl  Stadt  Straße  Telefon  Vorname

```
                    Firma Microlab
Annelise Bär
Berberstr. 10       Tel.: 0221 / 98 76
50733 Köln          E-Mail: info@microlab.de
```

**6 Was passt? Ergänzen Sie die Sprache.** ...... /5 Punkte

a Deutschland _Deutsch_   c Russland ............   e Türkei ............
b Polen ............   d England ............   f China ............

WORTSCHATZ ...... /12 Punkte

## LERNTIPP

**Kleine Portionen!**

1 Schreiben Sie fünf Fragen.

2 Hängen Sie die Fragen im Bad auf.

3 Üben Sie beim Zähneputzen.

*Wie heißen Sie? Ich heiße Ali.*

# Lesen und Hören

**7 Lesen Sie und ergänzen Sie.** ......... /4 (8 x 0,5) Punkte

A: *Hallo! Ich bin Nina. Nina Altmann. Ich komme aus Leipzig. Das ist in Ostdeutschland. Ich spreche Deutsch. Aber ich spreche auch Englisch. Meine Mama ist aus England.*

B: *Guten Tag! Ich heiße Selim El-Sharawi. Selim ist der Vorname, El-Sharawi der Familienname. Ich komme aus Ägypten, aus der Hauptstadt Kairo. Meine Muttersprache ist Arabisch, aber ich spreche auch gut Französisch und ein bisschen Deutsch.*

|   | Familienname | Vorname | Stadt | Land | Sprachen |
|---|---|---|---|---|---|
| a | Altmann | | | | |
| b | | | | | Arabisch, Französisch, Deutsch |

**LESEN** ......... /4 Punkte

**8 Wo sagt man so? Hören Sie und kreuzen Sie an.** ......... /6 Punkte

|  | Norddeutschland | Süddeutschland | Österreich | Schweiz |
|---|---|---|---|---|
| Salü! | ○ | ○ | ○ | ○ |
| Moin! | ○ | ○ | ○ | ○ |
| Grüß Gott! | ○ | ○ | ○ | ○ |
| Servus! | ○ | ○ | ○ | ○ |

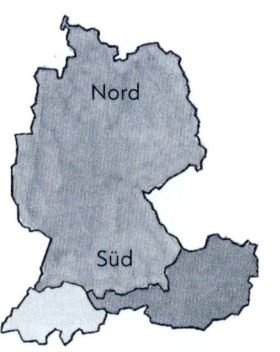

**9 Hören Sie noch einmal und kreuzen Sie an: richtig oder falsch?** ......... /3 Punkte

|  | richtig | falsch |
|---|---|---|
| Corinne: „Ich komme aus Frankreich." | ○ | ○ |
| Günter: „Ich bin aus Deutschland, aus Hamburg." | ○ | ○ |
| Evi: „Ich komme aus Österreich." | ○ | ○ |

**HÖREN** ......... /9 Punkte

# Sprechen

**10 Ergänzen Sie:** *Tut mir leid – Danke – Entschuldigung – bitte.* ..... / 4 Punkte

a ◆ Do you speak English?
  ○ _Tut mir leid,_ ich spreche nur Deutsch.
b ◆ Wie heißen Sie, _____?
  ○ Mein Name ist Ndiaye. Ich buchstabiere: N-D-I-A-Y-E.
c ◆ Herzlich willkommen bei Air Munich.
  ○ _____.
d ◆ _____, ist Herr Brunner da?
  ○ _____, ich weiß es nicht.

**11 Ein Telefongespräch** ..... / 6 Punkte

a Was sagt Frau Arslan? Ergänzen Sie und sprechen Sie den Text

◆ Firma Hansen und Hansen, guten Tag.
○ Guten _____, Merve Arslan. _____ Herr Maier _____, _____?
◆ Guten Tag, Frau ...
○ Arslan.
◆ Entschuldigung. Wie ist Ihr Name?
○ Arslan. Ich _____: A–R–S–L–A–N.
◆ Ah ja, Frau Arslan. Tut mir leid, Herr Maier ist nicht da.
○ Danke. _____.
◆ Auf Wiederhören, Frau Arslan.

🔊 2 b Hören Sie und vergleichen Sie.

**12 Ergänzen Sie.** ..... / 2 (4 x 0,5) Punkte

a ◆ Ich bin Hauke Pedersen.
  ○ F r e u t m _____.
b ◆ Das ist Herr Eisenmann, ja?
  ○ Ja, st _____ t.
c ◆ Ist Frau Kovalenko da?
  ○ Ja, einen M _____ t, bitte.
d ◆ Ich heiße Valentina della Torre.
  ○ E _____ t _____ u _____ g _____ g. Wie ist Ihr Name?

SPRECHEN ..... / 12 Punkte

# Schreiben

**PAUSE**

**Buchstabieren Sie Ihren Namen mit dem Telefon-Alphabet.**

Wilson: **We** wie Wilhelm, **I** wie Ida, **Ell** wie Ludwig, **Ess** wie Siegfried, **O** wie Otto, **Enn** wie Nordpol.

| | | | |
|---|---|---|---|
| **A** wie Anton | **I** wie Ida | **Qu** wie Quelle | **Y**psilon |
| **Be** wie Berta | **Jott** wie Julius | **Err** wie Richard | **Zett** wie Zeppelin |
| **Ce** wie Cäsar | **Ka** wie Kaufmann | **Ess** wie Siegfried | **Ä** wie Ärger |
| **De** wie Dora | **Ell** wie Ludwig | **Te** wie Theodor | **Ö** wie Ökonom |
| **E** wie Emil | **Emm** wie Martha | **U** wie Ulrich | **Ü** wie Übermut |
| **Eff** wie Friedrich | **Enn** wie Nordpol | **Vau** wie Viktor | |
| **Ge** wie Gustav | **O** wie Otto | **We** wie Wilhelm | |
| **Ha** wie Heinrich | **Pe** wie Paula | **Ix** wie Xanthippe | |

**13 Ergänzen Sie.** ___/4 (8 x 0,5) Punkte

a  *s – ss – ß*
  Ich _s_ preche ein bi _ss_ chen Deutsch.
  Tschü_____!
  Adre_____e
  Berliner Stra_____e

b  *ei – ie*
  Tut mir l_____d.
  Buchstab _ie_ ren S _ie_ , bitte.
  Ich w_____ß es nicht.
  W_____h_____ßen S_____?

**14 Schreiben Sie.** ___/4 Punkte

Thomas Steiner   Düsseldorf   Deutsch, Englisch, ein bisschen Italienisch   ~~Thomas~~ Steiner

Ich _____.
*Thomas ist der Vorname.*
_____ Familienname.
Ich _____
Ich _____
_____.

SCHREIBEN ___/8 Punkte

| MEINE PUNKTE | | | | | | ___/60 Punkte |
|---|---|---|---|---|---|---|
| | ☺ | ☺ | ☺ | 😐 | ☹ | ☹ |
| | 60–55: | 54–49: | 48–43: | 42–37: | 36–31: | 30–0: |
| | Super! | Sehr gut! | Gut. | Es geht. | Noch nicht so gut. | Ich übe noch. |

# Grammatik

**1 Was passt? Kreuzen Sie an.** ___ /3 (6 x 0,5) Punkte

| | | | | | |
|---|---|---|---|---|---|
| a | Ich | ○ leben | ○ lebe | ○ lebt | in München. |
| b | Meine Eltern | ○ heißen | ○ heißt | ○ heiße | Anna und Theo. |
| c | Mein Freund Viktor | ○ kommt | ○ kommen | ○ kommst | aus der Ukraine. |
| d | Wir | ○ wohnst | ○ wohne | ○ wohnen | auch in Deutschland. |
| e | Bruno | ○ sprecht | ○ spricht | ○ spreche | Deutsch und Italienisch. |
| f | Ihr | ○ hast | ○ hat | ○ habt | eine Tochter, richtig? |

**2 Ergänzen Sie in der richtigen Form: *sein*.** ___ /7 Punkte

a _Sind_ Sie verheiratet?
   Nein, ich _____ ledig.
b Woher kommen Sie?
   Aus Bern. Das _____ die Hauptstadt der Schweiz.
c Wo _____ du geboren?
   In Stuttgart. Das _____ in Süddeutschland.
d Wo _____ Lara und Tim?
   Ich weiß es nicht.
e _____ ihr nicht Anna und Hanna?
   Aber nein! Wir _____ Ina und Lina.

**3 Wo passt *er – sie – sie*? Markieren Sie und schreiben Sie neu.** ___ /5 Punkte

Das ist Jan Bauer. <mark>Jan</mark> lebt in Berlin. Aber Jan ist in München geboren, in Süddeutschland. Jans Eltern wohnen noch in München. Jans Eltern sind schon lange verheiratet. Jans Schwester heißt Katrin. Katrin ist 17 und ledig. Jan ist verheiratet. Jans Frau kommt aus Hamburg. Jans Frau heißt Anne. Jan und Anne haben eine Tochter. Jans und Annes Tochter heißt Paula und ist drei Jahre alt.

*Das ist Jan Bauer. Er lebt in Berlin.*

GRAMMATIK ___ /15 Punkte

# Wortschatz

**4 Ergänzen Sie.** _____ / 6 Punkte

a Elkes Familie — Stefan & Elke

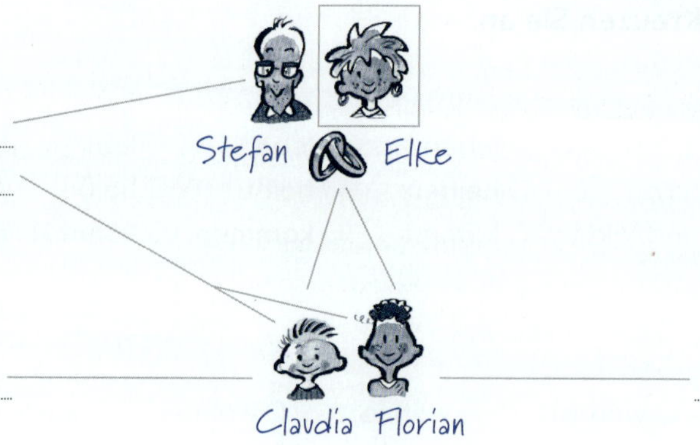

meine Kinder — 

meine Tochter — Claudia, Florian

b Karins Familie — Sebastian & Lisa

— Daniel, Karin, Leonie

**5 Hören Sie und schreiben Sie die Telefonnummern.** _____ / 4 Punkte

a Schwan, Herbert   20 16 18
b Sebald, Tanja   _____
c Seifert, Klaus   _____
d Sindel, Daniel   _____
e Sommer, Maria   _____

**WORTSCHATZ** _____ / 10 Punkte

---

**LERNTIPP**

**Neue Wörter üben**

1 Nehmen Sie immer ein Vokabelheft mit.

2 Notieren Sie neue Wörter.

3 Üben Sie im Bus, zu Hause – überall.

# Lesen

**6 Richtig oder falsch? Lesen Sie und kreuzen Sie an.** ......... / 5 Punkte

> E-Mail senden
>
> Hallo Anna, wie geht es Dir? Ich schreibe aus Dresden. Hier wohnt meine Schwester. Die Stadt ist schön. Sie ist schon 800 Jahre alt. Dresden liegt im Osten von Deutschland. Bis bald im Deutschkurs.
> Natascha

> E-Mail senden
>
> Hallo Natascha, Du bist in Dresden? Dresden ist super. Mein Mann kommt aus Dresden. Wir sind oft in Ostdeutschland. Von unserem Wohnort Würzburg sind das circa 400 Kilometer.
> Viele Grüße
> Anna

|   |   | richtig | falsch |
|---|---|---|---|
| a | Natascha wohnt in Dresden. | ○ | ○ |
| b | Sie hat eine Schwester. | ○ | ○ |
| c | Dresden ist in Ostdeutschland. | ○ | ○ |
| d | Anna ist verheiratet. | ○ | ○ |
| e | Anna wohnt in Dresden. | ○ | ○ |

**7 Was ist richtig? Lesen Sie und kreuzen Sie an.** ......... / 5 Punkte

Ich bin Sevim Yildirim. Ich bin in St. Gallen geboren. Das ist in der Schweiz. Aber jetzt lebe ich in Norddeutschland, in Kiel. Meine Eltern leben in St. Gallen. Sie kommen aus der Türkei. Ich habe drei Geschwister: zwei Brüder und eine Schwester. Sie sind alle schon verheiratet und haben Familie. Ich nicht. Ich bin Single.

| a | Sevim kommt aus | ○ der Schweiz. | ○ Norddeutschland. |
|---|---|---|---|
| b | Sevims Eltern leben in | ○ der Schweiz. | ○ der Türkei. |
| c | Sevim hat | ○ drei Schwestern. | ○ zwei Brüder und eine Schwester. |
| d | Sevims | ○ Schwestern | ○ Geschwister sind verheiratet. |
| e | Sevim ist | ○ verheiratet. | ○ ledig. |

**LESEN** ......... / 10 Punkte

## PAUSE

**Wie heißt die Stadt? Lösen Sie das Rätsel.**

a Die Hauptstadt der Schweiz heißt ...
b Salzburg liegt in ...
c Hamburg liegt in ...
d In Süddeutschland liegt die Stadt ...
e Die Hauptstadt von Österreich ist ...
f Die Hauptstadt von Deutschland heißt ...

Die Stadt heißt _____ .

d M Ü N

# Hören und Sprechen

**🔊 4–5  8  Was ist richtig? Hören Sie die Gespräche und kreuzen Sie an.** ...... /6 Punkte

a
| | | |
|---|---|---|
| Bettina und Olli wohnen in | ○ Frankfurt. | ○ Salzburg. |
| Olli hat | ○ eine Schwester. | ○ keine Schwester. |
| Bettinas Telefonnummer ist | ○ 12 06 10 20. | ○ 12 16 20. |

b
| | | |
|---|---|---|
| Daniel und Michi leben in | ○ Berlin. | ○ Leipzig. |
| Daniels Eltern | ○ wohnen in Berlin. | ○ sind geschieden. |
| Michi und Daniel sind | ○ acht und sieben. | ○ acht. |

**HÖREN** ...... /6 Punkte

**9  Wie geht's?** ...... /5 Punkte

🔊 6  **a**  Hören Sie und antworten Sie.

1  😐   2  😃   3  😐   4  🙂   5  ☹️

🔊 7  **b**  Hören Sie noch einmal und vergleichen Sie.

**10  Schreiben Sie die Fragen.** ...... /5 Punkte

◆ *Guten Tag. Wie ist Ihr Name, bitte* ?
○ Larisa Rudova.

◆ _____ ?
○ Feldstraße 4, Dortmund.

◆ _____ ?
○ 02 31 – 12 34 50.

◆ _____ ?
○ In Moskau.

◆ _____ ?
○ Nein, ich bin ledig.

◆ _____ ?
○ Nein, ich habe keine Kinder.

**SPRECHEN** ...... /10 Punkte

LEKTION 2

# Schreiben

**11  Ergänzen Sie:** *tt – nn – ...*  ___/2 (4 x 0,5) Punkte

a Mu_____er       c zusa_____en       e ke _n_ _n_ en
b Ma_____         d Telefonnu_____er

**12  Was schreibt man groß? Schreiben Sie neu.**  ___/3 Punkte

a das sind meine eltern. sie leben in berlin.   *Das sind meine Eltern. Sie leben in Berlin.*
b meine schwester hat zwei kinder.
c wie geht es ihnen?
d wo bist du geboren?

**13  Füllen Sie das Formular für Frau Santini aus.**  ___/4 (8 x 0,5) Punkte

Frau Santini heißt mit Vornamen Giulia.
Sie ist in Rom in Italien geboren.
Sie lebt in der Adlerstr. 80 in 47229 Duisburg.
Die Telefonnummer ist 0203 / 43 21.
Frau Santini ist nicht verheiratet.

**Anmeldung zum Deutschkurs**

Familienname:
Vorname:
Heimatland:
Geburtsort:
Wohnort:
Straße/Hausnummer:
Telefonnummer:
Familienstand:    ○ ledig    ○ verheiratet    ○ verwitwet    ○ geschieden

**SCHREIBEN** ___/9 Punkte

| MEINE PUNKTE | | | | | | ___/60 Punkte |
|---|---|---|---|---|---|---|
| ☺ | ☺ | ☺ | 😐 | ☹ | ☹ | |
| 60–55: | 54–49: | 48–43: | 42–37: | 36–31: | 30–0: | |
| Super! | Sehr gut! | Gut. | Es geht. | Noch nicht so gut. | Ich übe noch. | |

**13  LEKTION 2**

# Grammatik

**1 Schreiben Sie Fragen.** ...... /5 Punkte

a heißt – wie – du       Wie heißt du ?
b aus Brasilien – du – kommst ................................................................. ?
c du – wohnst – in Curitiba ................................................................. ?
d deine Telefonnummer – wie – ist ................................................................. ?
e verheiratet – bist – du ................................................................. ?
f wo – du – bist – geboren ................................................................. ?

**2 Ergänzen Sie in der richtigen Form: essen – schmecken.** ...... /6 Punkte

a ◆ Was _essen_ wir heute?
  ○ Steak und Salat vielleicht?
  ◆ Nein, Paul ............... nicht gern Fleisch. Und Lina auch nicht.
  ○ Kinder, ............... ihr gern Pfannkuchen?
  ▲ Ja!!! Pfannkuchen ............... super.
  ○ Gut, dann also Pfannkuchen!
b ◆ Was ............... du?
  ○ Ich weiß es nicht. Vielleicht Fisch …
  ◆ Ja, Fisch ............... sehr gut.
  Ich ............... Fisch mit Reis und Gemüse.
  ○ Ich auch.

**3 Ergänzen Sie: ein – eine – kein – keine.** ...... /4 Punkte

a Zehn ist _eine_ Zahl.
b Sofia ist ............... Name für Frauen.
c Hamburg ist ............... Stadt in Deutschland.
d Lara hat ............... Tochter.
e Das ist ............... Apfel. Das ist eine Orange.

**4 Ergänzen Sie in der richtigen Form.** ...... /6 Punkte

Wir haben noch zwei ............... (Apfel), zwei ............... (Banane) und auch zwei ............... (Tomate). Wir haben aber keine _Orangen_ (Orange). Wir brauchen ............... (Ei) und ............... (Kartoffel). Kaufen wir auch drei ............... (Becher) Joghurt?

GRAMMATIK ...... /21 Punkte

LEKTION 3  14

# Wortschatz 3

**5 Wie heißen die Lebensmittel? Ergänzen Sie.**  ...... /3 (6 x 0,5) Punkte

A  Brot
B  ............
C  ............
D  ............
E  ............
F  ............
G  ............

**LERNTIPP**

**Wörter sortieren**

Üben Sie Wörter nach Kategorien.

| Obst | Milchprodukte | Gemüse |
|---|---|---|
| Apfel | Käse | Kartoffel |
| Banane | Joghurt | Zwiebel |
| Orange | Sahne | Kohlrabi |

15  LEKTION 3

# Wortschatz

**6 Ordnen Sie zu.** _____ /6 Punkte

Liter  Packung  Kilo  Flasche  ~~Becher~~  Gramm  Dose

- Bitte schön?
- Eine _____ Tomaten,
  200 _____ Käse – Emmentaler bitte –,
  eine _____ Apfelsaft,
  drei _____ Orangen und eine
  _____ Tee, bitte.
  Was kostet ein _Becher_ Sahne, bitte??
- 79 Cent.
- Gut, dann nehme ich zwei.
- Sonst noch etwas?
- Ja: zwei _____ Milch, bitte.

WORTSCHATZ _____ /9 Punkte

**PAUSE**

**Rätsel: Wie heißt das Gemüse?**

Gleiche Zahl = Gleicher Buchstabe! Ergänzen Sie.

    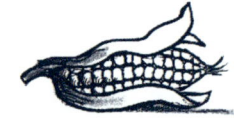

a  B l u m e n k o h l      d  K _ _ r _ t _      g  _ _ _ _ s
   1 2 3 4 5 6 7 8 9 10        7 12 13 8 14 14 5     4 12 16 18

b  _ _ _ _ _             e  Z _ _ i _ _ _         h  _ _ _ _ _ _
   1 8 9 6 5                15 3 11 11 9 16 6 16     17 12 17 13 16 7 12

c  _ a _ _ c _           f  P _ _ _             i  _ _ _ _ _ f _ f _
   2 12 3 11 9              17 16 2 15            7 12 13 14 8 19 19 5 2

# Lesen und Hören

**7 Was passt? Lesen Sie und ordnen Sie zu.** ...... / 4 Punkte

**A**
DIREKT VOM BAUERN!
frische Eier (Stück zu 0,55 Euro)
Kartoffeln (1,70 Euro das Kilo)
Gemüse nach Saison
Fleisch aus eigener Schlachtung
Sonnenhof Riedweg 12

**B**
Mein Rezept für *Schokoladenkuchen*
- 200 g Butter
- 200 g Schokolade, mindestens 70 % Kakao
- 4 Eier
- 200 g Mehl
- 200 g Zucker
- Vanille
- Salz

**C**
SONDERANGEBOT
König-Bier        0,69 Euro pro Flasche
Wolfi Apfelsaft   1,29 Euro pro Flasche
Weine aus Italien 2,99 Euro pro Flasche
Supermarkt Ortler
Hauptstraße 1

**D**
Hallo Hanna, wir haben keine Eier. Kaufst Du bitte 10? Ich möchte Schokoladenkuchen machen. Danke! Mama

**E**
BÄCKEREI PFENNIG
Unser Sonderangebot!
Brot, Brötchen, Kuchen ab 17 Uhr nur 50 %!

a Wer kennt ein Rezept für Schokoladenkuchen? **B**
b Wo kaufen Sie Wein? ○
c Wer braucht Eier? ○
d Wer hat Eier? ○
e Wo kaufen Sie Kuchen? ○

LESEN ...... / 4 Punkte

**8 Was kaufen die Leute? Hören Sie und ergänzen Sie.** ...... / 3 Punkte
🔊 8–10

a ..................................................
b ..................................................
c ..................................................

**9 Hören Sie noch einmal und ergänzen Sie: Was kosten die Produkte?** ...... / 3 Punkte
🔊 8–10

a .................. €
b .................. €
c .................. €

HÖREN ...... / 6 Punkte

17  LEKTION 3

# Sprechen und Schreiben

**10 Ordnen Sie zu.** ___/4 Punkte

~~Ja, bitte.~~   Ja, natürlich.   Nein, nicht so gern.   Nein, tut mir leid.   Nein, danke.

a ◆ Haben Sie Apfelkuchen? ○ _____ Aber wir haben Schokoladenkuchen.
b ◆ Sonst noch etwas? ○ *Ja, bitte.* Ich brauche auch ein Pfund Hackfleisch.
c ◆ Sind das Kartoffeln? ○ _____
d ◆ Was möchtest du trinken? Eine Cola vielleicht? ○ _____ Ich trinke nicht gern Cola.
e ◆ Trinkst du gern Milch? ○ _____

**11 Schreiben Sie ein Gespräch.** ___/8 Punkte

Ja, natürlich. Wie viel brauchen Sie?   Gut, dann zwei Kilo, bitte.   Hier, bitte. Sonst noch etwas?
Nein, danke.   ~~Sonst noch etwas?~~   Ja, vielleicht. Was kostet ein Kilo Tomaten?
~~Entschuldigung, haben Sie Orangen?~~   Das macht dann zusammen 8 Euro 96.   2,49 Euro.   Zwei Kilo, bitte.

◆ *Entschuldigung, haben Sie Orangen?*
◆ _____
◆ _____
◆ _____

○ _____
○ _____
○ *Sonst noch etwas?*
○ _____

**12 Verbinden Sie.** ___/3 Punkte

a Isst du gern Joghurt?           Joghurt.
b Wie heißt das auf Deutsch?      Das ist doch kein Joghurt, das ist Sahne.
c Was ist das?                    Ja, sehr gern.
d Ist das Joghurt?                Das ist Sahne.

**SPRECHEN** ___/15 Punkte

🔊 11 **13 Ein Diktat. Hören Sie und schreiben Sie.** ___/5 Punkte

a *Zehn und sieben sind Zahlen* .
b _____ ?
c _____ .
d _____ ?
e _____ .
f _____ ?

**SCHREIBEN** ___/5 Punkte

**MEINE PUNKTE** ___/60 Punkte

| 😊 | 🙂 | 🙂 | 😐 | ☹️ | 😞 |
|---|---|---|---|---|---|
| 60–55: | 54–49: | 48–43: | 42–37: | 36–31: | 30–0: |
| Super! | Sehr gut! | Gut. | Es geht. | Noch nicht so gut. | Ich übe noch. |

# Grammatik und Wortschatz

**1 Ergänzen Sie:** *ein – eine – der – das – die.*  ___ / 6 Punkte

a Niko hat _eine_ Wohnung in München. _Die_ Wohnung ist in der Rosenheimer Straße.
b Dort ist _____ Küche. _____ Küche ist alt und klein.
c Niko hat nur _____ Zimmer. _____ Zimmer ist auch klein.
d Im Süden ist _____ Balkon. _____ Balkon ist sehr schön.

**2 Ergänzen Sie:** *er – es – sie.*  ___ / 5 Punkte

a ◆ Hier haben wir die Sofas.
   Wie gefällt Ihnen das Sofa hier?
  ○ Nicht so gut. _____ ist sehr klein!
b ○ Haben Sie auch Lampen?
  ◆ Ja. Hier ist eine Lampe.
   _____ kostet nur 170 Euro.
  ○ Was??? So teuer?
c ◆ Hier sind die Regale.
   Gefallen _____ Ihnen?
  ○ Ja, ganz gut. Und was kosten die Regale?
d ○ Ich brauche ein Bett.
   Was kostet das Bett hier?
  ◆ Ein Sonderangebot: _____ kostet
   nur 60 Euro.
e ◆ Und wie gefällt Ihnen der Schrank?
  ○ Nicht so gut. _____ ist nicht modern.

**3 Was ist richtig? Kreuzen Sie an.**  ___ / 4 Punkte

a Das ist           ☒ nicht   ○ keine   meine Wohnung.
b Meine Wohnung ist ○ nicht   ○ kein    billig.
c Das sind          ○ nicht   ○ keine   Sofas! Das sind Betten.
d Der Stuhl gefällt mir ○ nicht. ○ kein.
e Ich habe          ○ nicht   ○ keine   Küche.

**GRAMMATIK** ___ / 15 Punkte

**4 Ergänzen Sie die Farben.**  ___ / 4 (8 x 0,5) Punkte

In Daniels Zimmer sind viele Möbel – und viele Farben. Da ist ein Sofa.
Es ist _schwarz_ 🖤 (a). Die zwei Sessel sind _____ 🔴 (b).
Der Schreibtisch ist _____ 🟤 (c). Der Stuhl ist _____ 🟢 (d).
Daniel hat zwei Regale. Sie sind _____ 🔵 (e). Der Schrank
ist _____ 🟦 (f). In Daniels Zimmer sind auch eine Lampe und
ein Teppich. Der Teppich ist _____ 🟡 (g). Die Lampe ist _____ ⬛ (h).
Das Bett ist _____ (i).

# Wortschatz

**5 Wie heißen die Räume? Ergänzen Sie.** ___/3 (6 x 0,5) Punkte

a _____   d *die Toilette*   f _____

b _____                      g *der Balkon*

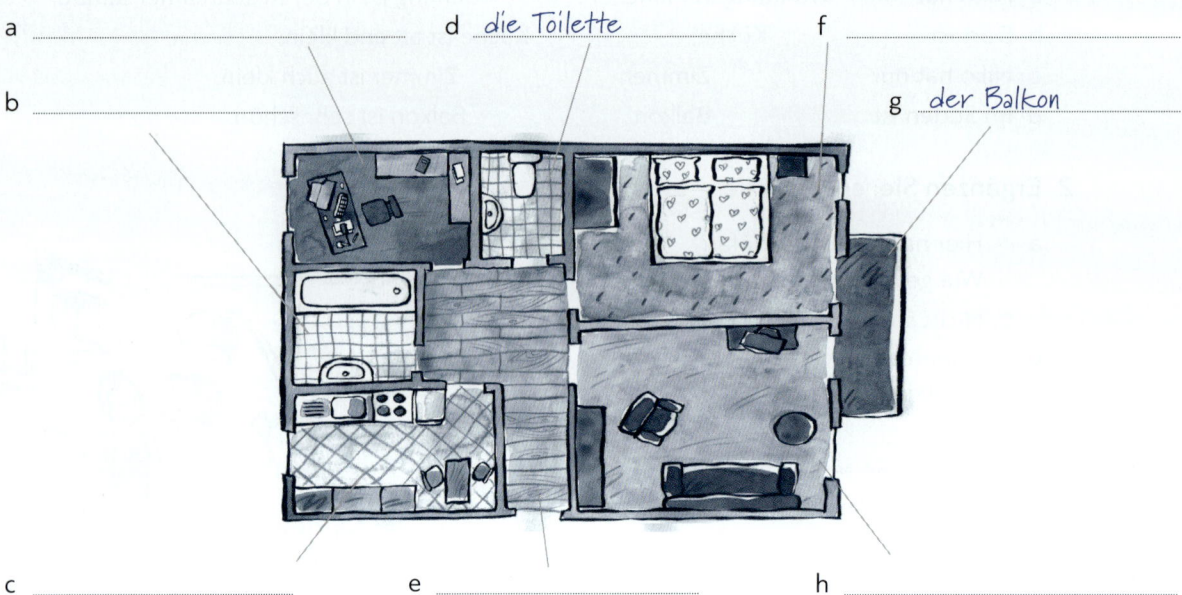

c _____   e _____   h _____

**6 Ergänzen Sie.** ___/5 Punkte

a ◆ Ich habe drei Brüder und drei Schwestern.
  ○ Oh! Deine Familie ist aber groß.
  ◆ Was? Meine Familie ist doch nicht groß. Sie ist *klein*.

b ◆ Schau mal! Die Badewanne dort ist schön.
  ○ Schön? Sie ist nicht schön, sie ist _____.

c ◆ Aha! Du hast jetzt eine Waschmaschine. Ist sie neu?
  ○ Nein, sie ist _____. Schon acht Jahre.

d ◆ Mein Bett ist 1 Meter 20 breit.
  ○ Toll. Das ist sehr breit.
  ◆ Das ist doch nicht breit. Mein Bett ist _____!

e ◆ Die Äpfel kosten 3,49 Euro das Kilo. Sie sind nicht billig, sie sind _____.

f ○ Die Wohnung gefällt mir. Sie ist sehr hell.
  ◆ Das Wohnzimmer ist hell, aber die Küche ist _____.

**WORTSCHATZ** ___/12 Punkte

### LERNTIPP

**Gegensätze und gleiche Wörter**

Üben Sie Wörter mit ihrem Gegenteil:

*hell ↔ dunkel*
*schön ↔ hässlich*
*ja ↔ nein*

Oder üben Sie Wörter und Ausdrücke mit gleicher Bedeutung (= Synonyme):

*Ja, genau. = Stimmt. = Ja, richtig.*
*Die Stühle gefallen mir. = Die Stühle sind schön.*

# Lesen

**7  Was passt? Lesen Sie und kreuzen Sie an.**  ......... /10 Punkte

## WELCHER WOHNTYP SIND SIE?

### DER LUXUS-TYP
Sie brauchen Luxus! Ihre Wohnung ist groß und hell, die Möbel sind teuer: Breite Sofas, große Tische und moderne Geräte gefallen Ihnen.

### DER PRAKTISCHE TYP
Ihre Wohnung ist praktisch und funktional. Sie brauchen keine große Wohnung und haben nicht viele Möbel. Die Möbel sind klassisch in den Farben Braun, Blau oder Grau.

### DER MODERNE TYP
Modernes Wohnen: Das heißt helle, große Zimmer in Weiß und originelle, futuristische Möbel: Schwarz, Grau und Weiß sind Ihre Farben! Sie haben auch top-moderne, neue Geräte.

### DER ROMANTIKER
Die Wohnung ist klein. Sie ist nicht sehr modern, aber sehr voll: Sie haben viele alte Möbel und viel Dekoration. Das Zentrum in Ihrer Wohnung: ein breites, großes Sofa.

### DER KLASSISCHE TYP
Die Wohnung ist praktisch und elegant. Die Möbel sind nicht sehr modern, aber auch nicht zu alt. Sie sind schön, aber nicht speziell – klassisch eben. Naturfarben (Rot, Braun, Grün) gefallen Ihnen.

|   | der Luxus-Typ | der praktische Typ | der moderne Typ | der Romantiker | der klassische Typ |
|---|---|---|---|---|---|
| a  Die Wohnung ist hell. | ☒ | ○ | ☒ | ○ | ○ |
| b  Das Sofa ist breit. | ○ | ○ | ○ | ○ | ○ |
| c  Die Möbel sind klassisch. | ○ | ○ | ○ | ○ | ○ |
| d  Die Farbe Grau gefällt ihm. | ○ | ○ | ○ | ○ | ○ |
| e  Die Geräte sind modern. | ○ | ○ | ○ | ○ | ○ |
| f  Die Wohnung ist nicht groß. | ○ | ○ | ○ | ○ | ○ |

LESEN ......... /10 Punkte

**PAUSE**

🔊 12  **Wie heißt das Haus? Welche Zahlen hören Sie? Markieren Sie die Zahlen und finden Sie das Lösungswort.**

| A | K | K | W | T | E | O | N | L | Z | R | R | E |
|---|---|---|---|---|---|---|---|---|---|---|---|---|
| 670 | 787 | 999 | 545 | 234 | 761 | 693 | 450 | 398 | 311 | 919 | 846 | 801 |

Lösung: der _____

# Hören und Sprechen

**8 Was ist richtig? Hören Sie und kreuzen Sie an.** _____ /4 (8 x 0,5) Punkte

|  | | richtig |
|---|---|---|
| a | Tanja hat eine neue Wohnung. | ○ |
| b | Die Adresse ist Blumenstraße 18. | ○ |
| c | Die Wohnung gefällt Tanja. | ○ |
| d | Die Wohnung ist groß. | ○ |
| e | Die Wohnung ist häßlich. | ○ |
| f | Die Wohnung ist mit Balkon. | ○ |
| g | Die Miete ist teuer. | ○ |
| h | Tanja bezahlt 320 Euro im Monat. | ○ |

**9 Lesen Sie, hören Sie und ordnen Sie zu.** _____ /4 Punkte

A **Schönes 1-Zi.-Apartment** mit Balkon, 250 EUR + NK., *Tel. 0175/21 02 03 20*

B **Ich suche für meine Wohnung:** Regale, Sessel und/oder Sofa, Tisch, Lampen, Teppiche. *Telefon: 0160/87 34 56*

C **Suche 2-Zimmer-Wohnung** mit Einbauküche und Balkon oder Garten bis maximal 600 EUR warm. Telefon: 0151 123 321 001

D ***Vermiete möblierte Wohnung*** 2 Zimmer, Einbauküche, Bad, kleiner Balkon, für ein Jahr. *Telefon: 0178 99 00 66*

| Gespräch | 1 | 2 | 3 | 4 |
|---|---|---|---|---|
| Anzeige | | | | |

HÖREN _____ /8 Punkte

**10 Ordnen Sie zu.** _____ /3 (6 x 0,5) Punkte

Ja, richtig   oder   ~~Sag mal~~   Schau mal   Welche Farbe   Wie groß   Ganz gut

◆ _Sag mal_, Moritz, du suchst doch ein Bett.
○ _____ .
◆ Ich habe ein Bett.
○ _____ ist es denn?
◆ Es ist zwei Meter lang und 90 Zentimeter breit.
○ _____ hat das Bett?
◆ Es ist weiß. _____ , hier ist ein Foto. Wie gefällt dir das Bett?
○ _____ . Was kostet es?
◆ Es kostet 30 Euro. Das ist günstg, _____ ?
○ Stimmt. Gut. Ich kaufe das Bett.

# Sprechen und Schreiben

**11 Fragen und Antworten. Verbinden Sie.** ___/3 (6 x 0,5) Punkte

a Wo ist die Küche?  12 m².
b Gefällt Ihnen die Küche?  Ja. Dort.
c Wie ist die Küche?  Ungefähr drei Jahre alt.
d Ist hier auch eine Küche?  Dort.
e Wie gefällt Ihnen die Küche?  Sehr gut.
f Wie alt ist die Küche?  Neu.
g Wie groß ist die Küche?  Ja. Sehr gut.

**SPRECHEN** ___/6 Punkte

**12 Was passt? Ordnen Sie zu und schreiben Sie eine Anzeige.** ___/5 Punkte

für Familie   o. Balk.   Suche   800 Euro + Nebenkosten/Kaution   m. Balk.
Vermiete   bis 800 Euro warm   an Student   4 Zimmer, Küche, Bad
4-Zi.-Wohnung, große Küche

Ihr Freund braucht eine Wohnung.
Der Freund ist verheiratet und hat zwei Kinder.
Er braucht vier Zimmer und eine große Küche.
Er möchte eine Wohnung mit Balkon.
Er möchte maximal 800 Euro bezahlen.

*Tel. 0160 / 98 22 82 21*

**13 Ihr Freund schreibt Ihnen eine Nachricht. Ordnen Sie zu und ergänzen Sie.** ___/4 Punkte

vier Zimmer   Wohnzimmer groß und hell   90 m² groß   ~~Küche leider klein~~   nur 700 Euro warm

Hallo,
wir haben eine neue Wohnung! Sie _____
und _____. *Die Küche ist leider klein*. Aber _____
_____. Und sie _____.
Ist das nicht super?
Viele Grüße

**SCHREIBEN** ___/9 Punkte

| MEINE PUNKTE | | | | | ___/60 Punkte | |
|---|---|---|---|---|---|---|
| ☺ | ☺ | ☺ | 😐 | ☹ | ☹ |
| 60–55: | 54–49: | 48–43: | 42–37: | 36–31: | 30–0: |
| Super! | Sehr gut! | Gut. | Es geht. | Noch nicht so gut. | Ich übe noch. |

## Grammatik

**1 Schreiben Sie Sätze.** ___ /5 Punkte

a Herr Bayram – sehr früh aufstehen
   _Herr Bayram steht sehr früh auf_ .

b Lili – das Kinderzimmer – aufräumen
   _____ .

c einkaufen – du – heute
   _____ ?

d die Kurse – anfangen – um halb neun
   _____ ?

e meine Mutter – anrufen – ich
   _____ .

f Herr und Frau Kaiser – fernsehen – nicht gern
   _____ .

**2 Ergänzen Sie in der richtigen Form.** ___ /3 (6 x 0,5) Punkte

a ◆ Was macht Marvin den ganzen Tag am Computer?
   ○ Er _chattet_ (chatten) mit einer Freundin in Argentinien.

b ◆ Papa, _____ (arbeiten) du noch lange?
     Heute ist Sonntag!
   ○ Ich komme gleich. Dann spielen wir Fußball, ja?

c ◆ Was macht Martin?
   ○ Er _____ (fernsehen).
   ◆ Was? _____ heute nicht der
     Englischkurs _____ (anfangen)?

d ◆ Ihr _____ (arbeiten) nicht.
     Ihr trinkt nur Kaffee. Das geht nicht!
   ○ Aber wir haben jetzt Pause.

e ◆ Wann steht deine Tochter am Wochenende auf?
   ○ Oh, sehr spät. Sie _____ (schlafen) bis Mittag.
     Mein Sohn, mein Mann und ich _____ schon
     um acht _____ (aufstehen).

**3 Ergänzen Sie: *am – um*.** ___ /4 Punkte

a ◆ Ich mache _am_ Samstag eine Party. Kommst du?
   ○ Ja, gern. Wann denn?
   ◆ _____ acht.

b ◆ Guten Tag. Ich komme zum Deutschkurs. Der ist doch hier, oder?
   ○ Ja. Aber der Kurs fängt erst _____ neun Uhr an.

c ◆ _____ Nachmittag spiele ich Fußball. Von Montag bis Sonntag!
   ○ Jeden Nachmittag? Gehst du nicht ins Kino oder hörst Musik?
   ◆ Nein, aber _____ Freitag sehe ich abends fern.

**LEKTION 5**

# Grammatik und Wortschatz

**4 Carlos Tag. Schreiben Sie die Sätze neu.** ...... /5 Punkte

a Carlo steht um Viertel nach sieben auf.  Um Viertel nach sieben steht Carlo auf.
b Er geht von Montag bis Freitag zum Deutschkurs.
c Er geht am Nachmittag spazieren.
d Er macht am Abend Hausaufgaben.
e Er geht um elf Uhr ins Bett.
f Er ruft jeden Sonntag seine Eltern an.

GRAMMATIK ...... /17 Punkte

**5 Ordnen Sie zu.** ...... /3 (6 x 0,5) Punkte

aufräumen   spielen   arbeiten   einkaufen   Musik hören   spazieren gehen

A    B    C

D 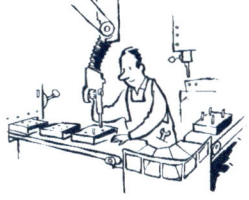   E    F

**6 Was passt nicht? Streichen Sie.** ...... /4 Punkte

a ~~Arbeit~~ – Party – Fußball – Kino
b Morgen – Vormittag – Mittwoch – Abend
c Montag – Woche – Donnerstag – Samstag
d frühstücken – essen – trinken – raten
e chatten – fernsehen – arbeiten – Computer spielen

WORTSCHATZ ...... /7 Punkte

---

**LERNTIPP**

**Wörter suchen**

Sie lesen in einem Text „er isst". Sie kennen das Wort nicht und suchen im Wörterbuch.

es|sen [ˈɛsn̩], isst, aß, gegessen: 1. ⟨tr.; hat⟩ als Nahrung aufnehmen: einen Apfel essen; sie isst kein Fleisch; was gibt es heute zu essen? 2. ⟨itr.; hat⟩ [feste] Nah-

1 Suchen Sie die Form mit „-en" am Ende: „isst" → „issen"
2 Sie sehen „issen" im Wörterbuch nicht? Probieren Sie „e": „~~issen~~" → „essen"
   Auch so: „du siehst" → sieh+en = „~~siehen~~" → e? → „sehen"
3 Üben Sie: du isst, er sieht …

# Lesen

**7 Lesen Sie Pauls Kalender und kreuzen Sie an.** ____ /4 Punkte

Finn möchte Fußball spielen. Wann hat Paul Zeit?

|   |   | Ja |
|---|---|---|
| a | Hast du am Montag um 14 Uhr Zeit? | ☒ |
| b | Hast du am Dienstag am Abend Zeit? | ○ |
| c | Hast du am Freitag von drei bis fünf Uhr Zeit? | ○ |
| d | Hast du am Samstag um drei Zeit? | ○ |
| e | Und am Sonntag? Hast du am Vormittag Zeit? | ○ |

| Wann: | Das mache ich: |
|---|---|
| Montag | 16.00 einkaufen mit Mama, 20.15 fernsehen: James Bond |
| Dienstag | 17.00 – 18.30 Englischkurs, 19.00 Kino mit Sandra |
| Mittwoch | 19.00 Jakob anrufen! |
| Donnerstag | 17.00 – 18.30 Englischkurs |
| Freitag | 12.30 – 14.30 Pizza essen mit Stefan, 20.00 Party bei Klaus |
| Samstag | (Vormittag) Wohnung aufräumen, 13.00 Sandra kommt! (bis 19.00 Uhr) |
| Sonntag | 12.00 Mittagessen mit Oma |

**8 Was ist richtig? Lesen Sie und kreuzen Sie an.** ____ /6 Punkte

**A** ⟨ E-Mail senden ⟩

Hallo Frau Peters,
ich habe ein paar Bitten: Herr Berger von Immotec kommt am Mittwoch um 11 Uhr. Wir gehen zusammen essen. Bitte reservieren Sie einen Tisch im Restaurant Mykonos. Und rufen Sie bitte Frau Seifert an. Am Freitag gehen meine Frau und ich ins Kino. Bitte kaufen Sie Kinokarten für den Film „Berlin, Berlin". Wann gehen Sie heute nach Hause? Um 17 Uhr oder 17.30 Uhr? Danke für die Info.
Ralf Lehrmann

**B** ⟨ E-Mail senden ⟩

Hallo Herr Lehrmann,
Herr Berger kommt nicht um 11 Uhr, er kommt schon um 10 Uhr. Gehen Sie am Mittag trotzdem essen? Frau Seifert ist erst heute Nachmittag im Büro. Ich rufe dann an. Natürlich kaufe ich die Kinokarten. Das mache ich gern. Aber der Film heißt „Der Himmel über Berlin", oder? Ich gehe heute schon um 17 Uhr. Um 17.30 Uhr habe ich Englischkurs.
Viele Grüße
Christa Peters

1 Herr Berger kommt um ○ zehn Uhr. ○ elf Uhr.
2 Frau Seifert ist ○ heute nicht ○ am Nachmittag im Büro.
3 Frau Peters kauft ○ Kinokarten ○ keine Kinokarten für Herrn Lehrmann.
4 Der Film heißt ○ „Berlin, Berlin" ○ „Der Himmel über Berlin".
5 Frau Peters geht heute um ○ fünf Uhr. ○ sieben Uhr.
6 Sie hat um ○ halb fünf ○ halb sechs Englischkurs.

**LESEN** ____ /10 Punkte

# Hören

**9** Was ist richtig? Hören Sie und kreuzen Sie an. _____ / 4 Punkte

a Wann ist das Konsulat nur am Vormittag geöffnet?
○ Von Montag bis Mittwoch. ○ Am Donnerstag. ○ Am Freitag.
b Wann ist der Fahrradverleih „Müritz" geöffnet?
○ Am Sonntag. ○ Jeden Tag. ○ Von Montag bis Samstag.
c Heute ist Donnerstag. Wann rufen Sie morgen in der Sprachschule an?
○ Am Vormittag. ○ Am Abend. ○ Am Vormittag oder am Nachmittag.
d Wann ist der Kundenservice von „Sonnen-Jet" am Samstag da?
○ Von 8 bis 20 Uhr. ○ Von 8 bis 17 Uhr. ○ Von 10 bis 17 Uhr.

**10** Julia oder Daniel? Hören Sie und ergänzen Sie. _____ / 4 Punkte

a _Daniel_ kommt am Freitag nach Hamburg.
b _____ arbeitet morgen bis 15 Uhr.
c _____ hat von 17 bis 20 Uhr Zeit.
d _____ macht ein Abendessen.
e _____ kommt um Viertel nach fünf.

| HÖREN | _____ / 8 Punkte |

### PAUSE

Sehen Sie die Bilder an und ordnen Sie zu.

A   B

○ Hans ist ein Sonntagskind. (= Eine Person hat viel Glück.)
○ Es ist nicht alle Tage Sonntag. (= Nicht jeder Tag ist schön.)

> „Es ist nicht alle Tage Sonntag." und „ein Sonntagskind sein" sind Sätze mit idiomatischer Bedeutung: Man sagt etwas mit einem Bild.

## Sprechen und Schreiben

**11** Was sagt man nicht? Kreuzen Sie an. ..... /5 Punkte

a 18:20 Uhr
○ zwanzig nach sechs
○ achtzehn Uhr zwanzig
☒ zwanzig nach achtzehn

c 11:30 Uhr
○ halb zwölf
○ elf Uhr dreißig
○ halb nach elf

e 20:45 Uhr
○ Viertel vor neun
○ fünfzehn vor neun
○ zwanzig Uhr fünfundvierzig

b 10:40 Uhr
○ vierzig nach zehn
○ zwanzig vor elf
○ zehn nach halb elf

d 07:05 Uhr
○ fünf nach sieben Uhr
○ sieben Uhr fünf
○ fünf nach sieben

f 12:56 Uhr
○ vier vor eins
○ vier vor eins Uhr
○ kurz vor eins

🔊 23 **12** Hören Sie die Fragen und antworten Sie. ..... /4 Punkte

a 🙂 gern kochen

b 🙂 gern einkaufen

c 🙁 nicht gern aufräumen

d 🙂 gern arbeiten und gern früh aufstehen

e 🙁 nicht gern spielen

**SPRECHEN** ..... /9 Punkte

**13** Schreiben Sie die Nachrichten. ..... /6 Punkte

am Samstag – Zeit haben?
wir – einkaufen gehen?
ich – am Nachmittag – Zeit haben –
am Vormittag – Deutschkurs haben

am Samstag – leider keine Zeit haben
meine Schwester – kommen

Hallo Sabrina,




Emilia

Hallo Emilia,




Sabrina

**SCHREIBEN** ..... /6 Punkte

| MEINE PUNKTE | | | | | | ..... /60 Punkte |
|---|---|---|---|---|---|---|
| 🙂 60–55: | 🙂 54–49: | 🙂 48–43: | 😐 42–37: | 🙁 36–31: | 🙁 30–0: | |
| Super! | Sehr gut! | Gut. | Es geht. | Noch nicht so gut. | Ich übe noch. | |

LEKTION 5

# Grammatik

**1 Was ist richtig? Kreuzen Sie an.** ___/3 (6 x 0,5) Punkte

a Wie heißt ☒ der ○ den  Mann?
b Wer macht ○ ein ○ einen  Kuchen?
c Wir brauchen ○ ein ○ einen  Tisch.
d Wir haben ○ kein ○ keinen  Kaffee mehr.
e ○ Der ○ Den  Wein kommt aus Spanien.
f Wo ist bitte ○ der ○ den  Käse?
g Nein, danke. Ich möchte ○ kein ○ keinen  Saft mehr.

**2 Ergänzen Sie.** ___/7 Punkte

A

Hallo Martin,
ich komme heute erst spät. Bringst Du bitte die Kinder ins Bett? Und gehst Du einkaufen?
Wir haben _____ Äpfel mehr, _keine_ Butter und auch _____ Brot.
Danke!
Beate

B

Hallo Bine,
schau mal ins Wohnzimmer! Was siehst Du da? Na, wie gefallen Dir _____ Stühle? Und _____ Tisch? Jetzt brauchen wir nur noch _____ Lampe.
Thorsten

C

E-Mail senden

Liebe Tanja,
meine Küche ist fertig. Ich habe jetzt _____ super Herd! Ganz neu! Komm doch am Samstag. Ich mache _____ Kuchen und wir trinken Tee zusammen.
Lena

**3 Ergänzen Sie in der richtigen Form.** ___/5 Punkte

a Am Samstag kauft Bastian ein. Fleisch oder Fisch?
   Oft _____ (nehmen) er Fisch.
b Bastian macht gern Sport: Er _____ (fahren) Fahrrad und schwimmt viel.
c Am Samstagabend _____ (treffen) er Freunde.
d Am Sonntag _schläft_ (schlafen) er lange.
   Dann _____ (lesen) er oder _____ (fernsehen).

GRAMMATIK ___/15 Punkte

# Wortschatz

**4 Bilden Sie Wörter und ordnen Sie zu.** ...... /3 (6 x 0,5) Punkte

~~den~~ ~~Nor~~ ke den ten ~~Sch~~ ten Os Re ne Wes Sü Son ~~nee~~ Wol gen

a   Norden, _____

b ☀ Schnee, _____

**5 Ergänzen Sie: Lieblings-.** ...... /3 (6 x 0,5) Punkte

Buch  Farbe  ~~Film~~  Essen  Getränk  Stadt  Musik

a Mein Lieblingsfilm _____ ist „Star Wars".
b Mein _____ ist Kuchen.
c Mein _____ ist Cola.
d Meine _____ ist Berlin.
e Mein _____ ist „Das andere Kind".
   Das ist ein Krimi.
f Meine _____ ist Grün.
g Meine _____ ist Pop.

**6 Was passt nicht? Streichen Sie.** ...... /4 Punkte

a Fotos     ~~lesen~~ – machen – ansehen
b Freunde   haben – grillen – treffen
c E-Mails   schreiben – lesen – machen
d Krimis    lesen – treffen – schreiben
e Musik     hören – machen – sehen

WORTSCHATZ ...... /10 Punkte

---

**LERNTIPP**

**Nomen und Verben**
Üben Sie der/das/die-Wörter (= Nomen)
zusammen mit Aktivitäten (= Verben):
die E-Mail — E-Mails schreiben, lesen, bekommen ...
das Buch — ein Buch lesen, kaufen ...

Oder finden Sie zu den Verben passende Nomen.
hören — Musik hören, ein Lied hören ...

# Lesen und Hören

**7 Was machen die Personen am Wochenende? Lesen Sie und kreuzen Sie an.** ......... / 4 Punkte

**Anas_1996:** Arbeiten, arbeiten, arbeiten – die ganze Woche nur Arbeit. Aber heute beginnt das Wochenende 😊! Das Wetter ist gut und ich gehe schwimmen. Was macht ihr?

**LinusF.:** Schwimmen – du hast es gut! Ich arbeite am Samstag und am Sonntag 😕. Ich bin Koch.

**Katja:** Du bist Koch? Kochen ist toll. Ich koche sehr gern. Am Samstag grillen wir. Das heißt: Mein Freund grillt das Fleisch und ich mache Kartoffelsalat. Ihr seid alle herzlich willkommen 😊👍! Wer macht einen Kuchen?

**Murat:** Hm, lecker! Kartoffelsalat mache ich auch oft. Wochenende – das bedeutet für mich: schlafen, schlafen, schlafen.

**Wanderfreundin:** Nur schlafen? Wie langweilig! Am Samstag scheint die Sonne – also raus in die Natur: spazieren gehen, wandern, Fahrrad fahren. Das macht Spaß. Ich gehe wandern!

a  Anas_1996           ○ arbeitet.                        ⊠ schwimmt.
b  LinusF.             ○ arbeitet.                        ○ schwimmt.
c  Katja               ○ grillt.                          ○ macht einen Kuchen.
d  Murat               ○ macht einen Kartoffelsalat.      ○ schläft.
e  Wanderfreundin geht ○ spazieren.                       ○ wandern.

**LESEN** ......... / 4 Punkte

🔊 24–26  **8 Ninas Freunde rufen an. Hören Sie und kreuzen Sie an: richtig oder falsch?** ......... / 6 Punkte

*Liebe Leute, ich mache am Samstag ab 19 Uhr eine Party. Kommt ihr? Wer macht etwas zu essen oder kauft Getränke? Wir brauchen auch noch Stühle.
Nina*

|   |   | richtig | falsch |
|---|---|---|---|
| a | Jan kommt zur Party. | ○ | ○ |
|   | Er kauft am Samstag Wein. | ○ | ○ |
| b | Marie fährt am Samstag zu ihren Eltern. | ○ | ○ |
|   | Sie kommt nicht. | ○ | ○ |
| c | Eva und Jörg bringen Stühle. | ○ | ○ |
|   | Jörg macht einen Salat. | ○ | ○ |

**HÖREN** ......... / 6 Punkte

# Sprechen

**9 Wie ist denn das Wetter?** ___ /4 Punkte

a Antworten Sie.

1 gut  2 nicht so gut  3 nicht so gut  4 nicht so gut

🔊 27  b Hören Sie, antworten Sie noch einmal und vergleichen Sie.

**10 Wie antworten Sie? Kreuzen Sie an.** ___ /3 (6 x 0,5) Punkte

a Gehen wir am Samstag wandern?
○ Gute Idee.
○ Mein Hobby ist Wandern.

b Oh, tut mir leid! Ich habe keinen Kaffee mehr.
○ Kein Problem. Ich trinke einen Tee.
○ Na gut. Ich trinke einen Kaffee.

c Fährst du oft Fahrrad?
○ Nicht so gut.
○ Ja, sehr oft. Das macht Spaß.

d Liest du gern Krimis?
○ Ja, ich finde Krimis interessant.
○ Mein Lieblingskrimi ist „Die Firma".

e Kaufen wir Salat und Obst für das Picknick?
○ Doch!
○ Na gut.

f Heute machen wir Wiener Würstchen und Kartoffelsalat, ja?
○ Ich nehme auch zwei Würstchen.
○ Gern. Moment mal ... wir haben keine Kartoffeln mehr.

**11 Ergänzen Sie: *Ja – Nein – Doch.*** ___ /6 Punkte

◆ Schau mal, ich habe einen Apfel und eine Banane dabei.
○ Sag mal, hast du für mich auch Obst dabei?
◆ _____, tut mir leid, ich habe nur einen Apfel und eine Banane. Hast du denn kein Essen dabei?
○ _____. Ich habe Schokolade und Kuchen.
◆ Nur Schokolade und Kuchen? Kein Brot, keine Tomaten, kein Ei?
○ _____, das habe ich nicht dabei. Hast du denn Brot dabei?
◆ _____, natürlich. Das hier ist ein Picknick. Verstehst du: ein PICKNICK?!
○ Gut, gut, und du hast natürlich auch Getränke dabei, oder?
◆ Oh! _____, die Getränke habe ich vergessen. Hast du auch keine Getränke dabei?
○ _____! Ich habe Cola dabei, aber nur eine Flasche. Die trinke ich!

SPRECHEN ___ /13 Punkte

LEKTION 6  32

# Schreiben

**PAUSE**

🔊 28  **Hören Sie das Lied und ergänzen Sie.**

Es war eine Mutter,
die hatte vier Kinder:
den Frühling, den Sommer,
den Herbst und den Winter.

Der Frühling bringt Blumen,
der Sommer den Klee,
der Herbst bringt die Trauben,
der Winter den Schnee.

der Sommer

**12 Ordnen Sie die E-Mail.** ...... /7 Punkte

- ◯ Wir sind eine Woche hier
- ① Hallo Sven,
- ◯ wir schreiben heute aus Österreich.
- ◯ Auch das Wetter ist gut.
- ◯ und sehen viel. Es ist alles sehr schön hier.
- ◯ Viele Grüße von Björn und Emmy
- ◯ Die Sonne scheint jeden Tag.
- ◯ Morgen fahren wir wieder nach Hause. Leider!

**13 Schreiben Sie eine E-Mail.** ...... /5 Punkte

aus Berlin schreiben   drei Tage hier   alles sehr schön
das Wetter leider nicht gut   ~~am Samstag~~ nach Hause

---

**E-Mail senden**

Lieber Farhad,
ich schreibe ..............
Ich ..............

..............

Am Samstag ..............

..............

Viele Grüße
Dario

---

**SCHREIBEN** ...... /12 Punkte

| MEINE PUNKTE | | | | | /60 Punkte | |
|---|---|---|---|---|---|---|
| ☺ | ☺ | ☺ | 😐 | ☹ | ☹ | |
| 60–55: | 54–49: | 48–43: | 42–37: | 36–31: | 30–0: | |
| Super! | Sehr gut! | Gut. | Es geht. | Noch nicht so gut. | Ich übe noch. | |

33  LEKTION 6

# Grammatik

**1 Ergänzen Sie in der richtigen Form: können – wollen.** ____/4 Punkte

a ◆ _____ du tanzen?
  ○ Nein, nicht so gut. Aber ich _will_ im Sommer einen Tanzkurs machen.
b ◆ Antonia ist krank. Sie _____ heute nicht arbeiten.
  ○ Stimmt nicht! Ich habe sie in der Stadt getroffen.
    Sie _____ nur nicht arbeiten.
c ◆ Stefan und ich _____ heute Abend ins Kino gehen.
    Möchtest du mitkommen?

**2 Was passt? Ordnen Sie zu. Vorsicht: nicht alle Lösungen passen.** ____/4 Punkte

A möchte        D will          G möchte *oder* will
B ~~möchten~~   E wollen        H möchten *oder* wollen
C möchtest      F willst        I möchtest *oder* willst

a ◆ Guten Tag, was _B_ Sie, bitte?
  ○ Zehn Brötchen und einen Apfelkuchen, bitte.
b ◆ Hallo, Thomas! Wie geht's? _____ wir zusammen ins Café gehen?
  ○ Oh, tut mir leid. Ich habe keine Zeit.
c ◆ Ich habe einen Sahnekuchen gekauft. _____ du ein Stück?
  ○ Oh ja, gern.
d ◆ Jonas, es ist schon neun Uhr. Du gehst jetzt bitte ins Bett. Sofort!
  ○ Ich _____ aber nicht ins Bett gehen!
e ◆ Ahmed und Nabil _____ einen Deutschkurs machen.
  ○ Warum denn? Sie sprechen doch schon gut Deutsch.

**3 Schreiben Sie Sätze.** ____/6 Punkte

a Lara – heute – nicht zum Deutschkurs – ist – gegangen – .
  _Lara ist heute nicht zum Deutschkurs gegangen._
b die Sprachschule – bitte – kannst – anrufen – du – ?
  _____
c sehr gut – ich – kann – spielen – Gitarre – .
  _____
d habt – heute – ihr – geschrieben – schon E-Mails – ?
  _____
e studieren – will – Nikos – in – Karlsruhe – .
  _____
f was – du – willst – machen – am Nachmittag – ?
  _____
g wann – nach Hause – gekommen – bist – du – ?
  _____

LEKTION 7

# Grammatik

**4** Ordnen Sie zu und schreiben Sie in der richtigen Form. ...... /6 Punkte

~~arbeiten~~ ~~essen~~ fahren kochen
spielen schreiben lesen lernen

| ge ... -(e)t | ge ... -en |
|---|---|
| gearbeitet | gegessen |

**5** Was ist richtig? Kreuzen Sie an. ...... /5 Punkte

a Leo ☒ hat ○ ist am Wochenende einen Ausflug gemacht.
b Leo ○ hat ○ ist in die Schweiz gefahren.
c Dort ○ hat ○ ist er Freunde getroffen.
d Er ○ hat ○ ist eine Schweizer Spezialität gegessen: Rösti.
e Er ○ hat ○ ist am Zürichsee spazieren gegangen.
f Er ○ hat ○ ist auch ein paar Schweizer Wörter gelernt, zum Beispiel „Grüezi".

GRAMMATIK ...... /25 Punkte

**PAUSE**

Lesen Sie den Comic. Was ist richtig? Kreuzen Sie an.

Karli kann ○ sehr gut Englisch sprechen.
○ sehr gut Französisch sprechen.
○ nicht gut Englisch und nicht gut Französisch sprechen.

# Wortschatz

**6** Ergänzen Sie das Hobby. _____ /4 Punkte

A  B  C  D

_rei_ _____    _____    _____    _____

**7** Was passt nicht? Streichen Sie. _____ /4 (8 x 0,5) Punkte

a  Klavier – Tennis – ~~Spanisch~~             spielen
b  Fahrrad – Tennis – Ski                      fahren
c  Lieder                                      schicken – hören – singen
d  Frühstück – Kuchen – Pizza                  backen
e  schwimmen – tanzen – schmecken              gehen
f  Comics – Kurse – Texte                      lesen
g  Grammatik – Mathematik – Training           üben
h  eine Sprache – einen Text – einen Brief     schreiben
i  Stress – Ferien – Handstand                 haben

**8** Ergänzen Sie in der richtigen Form: *lernen – üben – studieren*.

_____ / 7 Punkte

a  Anton will nicht tanzen _lernen_.
b  Oleg hat zwei Jahre in der Schule Deutsch _____.
c  Mein Bruder _____ Psychologie in Salzburg.
d  Ich _____ an der Humboldt-Universität.
e  Annika will sehr gut Klavier spielen. Sie _____ jeden Tag.
f  Gestern habe ich den ganzen Tag Vokabeln _____.
g  Walter hat als Kind oft Hula-Hoop _____.
h  Ich will Architektur in Deutschland _____.

**WORTSCHATZ** _____ /15 Punkte

---

**LERNTIPP**

**Wörter lernen mit Spaß**

Üben Sie mit langen Wörtern: Was finden Sie zum Beispiel in „Freizeitaktivität"?
Freizeitaktivität: _frei, Ei, Zeit, aktiv, ..._

Ordnen Sie die Buchstaben von „Freizeitaktivität" neu und machen Sie neue Wörter:
_Vater, Eier, ..._

Üben Sie auch mit anderen langen Wörtern:
„Schlafzimmer", „Norddeutschland" ...

# Lesen und Hören    7

**9** Familie Chalkias sucht Deutschkurse. Was passt? Lesen Sie und ordnen Sie zu.    ___ /4 Punkte

a (4) Vater Georgios arbeitet im Hotel. Er möchte Wörter für die Arbeit lernen.
b ◯ Mutter Dimitra kann nur Griechisch sprechen.
c ◯ Tochter Athina, 19, liebt Österreich. Sie möchte dort studieren.
d ◯ Sohn Ioannis, 15, lernt gern am Computer.
e ◯ Tante Ifigenia liebt Reisen und Kultur. Sie möchte Deutsch lernen und die Schweiz sehen.

**1** Machen Sie das Österreichische Sprachdiplom Deutsch (ÖSD)!

Für ein Studium an österreichischen Universitäten brauchen Sie exzellente Deutschkenntnisse. Wir sind ein anerkanntes Prüfungszentrum und bereiten Sie auf alle ÖSD-Prüfungen vor.
**Nächster Kursbeginn: 1. März**
Information und Anmeldung:
Deutsche Sprachschule • Dim. Ralli 30 • 15124 Athen • Tel.: 210 337 90 87

**2** DEUTSCHKURS FÜR ANFÄNGER
Sprachschule in Athen
1.2. – 30.5.
Mo–Mi 9–12 Uhr
Lehrbuch: Schritte international Neu 1, ab Lektion 1
Kosten: 480,– Euro

**3** SPRACHURLAUB in Deutschland, Österreich und der Schweiz – Machen Sie Urlaub und lernen Sie entspannt Deutsch!
Einzel- und Gruppenunterricht
**ab 280 Euro.**

**4** BUSINESS-DEUTSCHKURSE!
• Bürokommunikation
• Technik
• Tourismus
schon ab 4 Personen!
Informationen unter:
www.businessdeutsch.net

**5** Zu Hause Deutsch lernen
– online
– individuelles Lernprogramm
– mit persönlichem Tutor
– Abschlusstest
Informationen: www.individuelldeutsch.net

LESEN ___ /4 Punkte

🔊 29–33 **10** Ein Interview: „Wie lernst du Deutsch?" Hören Sie und kreuzen Sie an.    ___ /5 Punkte

a Paolo     ◯ macht gern Grammatikübungen.   ◯ hört deutsche Lieder.
b Emilia    ◯ liest Kinderbücher.             ◯ übt jeden Tag Wörter.
c Tom       ◯ spricht viel Deutsch.           ◯ korrigiert alle Fehler.
d Patricia  ◯ lernt am Computer Deutsch.      ◯ lernt in einem Kurs Deutsch.
e Laura     ◯ sieht Kinofilme an.             ◯ sieht Soap-Operas an.

HÖREN ___ /5 Punkte

## Sprechen und Schreiben

**11 Welche Antwort passt? Kreuzen Sie an.** _____ /4 (8 x 0,5) Punkte

a ◆ Kannst du gut malen?
  ○ ○ Nein, ich kann gar nicht malen.    ○ ○ Nein, noch nie.
b ◆ Bist du schon einmal Ski gefahren?
  ○ ○ Ja, ein bisschen.    ○ ○ Ja, schon öfter.
c ◆ Wollen wir ins Kino gehen?
  ○ ○ Ja, einmal.    ○ ○ Ja, gern.
d ◆ Hast du schon einmal Comics auf Deutsch gelesen?
  ○ ○ Nein, nicht so gut.    ○ ○ Nein, noch nie.
e ◆ Kannst du Chinesisch sprechen?
  ○ ○ Ja, ein bisschen.    ○ ○ Nein, nicht so gern.
f ◆ Wie kann ich gut Deutsch lernen?
  ○ ○ Ich finde Radiohören wichtig.    ○ ○ Ich finde den Tipp nicht wichtig.
g ◆ Ich lerne Vokabeln beim Spazierengehen. Und du?
  ○ ○ Der Tipp ist gut.    ○ ○ Das mache ich auch und das hilft.
h ◆ Was willst du lernen?
  ○ ○ Ich kann schwimmen.    ○ ○ Schwimmen. Das kann ich nicht.

**SPRECHEN** _____ /4 Punkte

**12 Ergänzen Sie: s – sch.** _____ /3 (6 x 0,5) Punkte

a die _S_prach_sch_ule
b der _____tress
c _____reiben
d _____icken
e _____pielen
f _____tricken
g _____timmen

🔊 34 **13 Ein Diktat: s oder sch? Hören Sie und schreiben Sie.** _____ /4 (2 x 2) Punkte

a _Sara geht_ _____

b _____ _mit Niko_ _____

**SCHREIBEN** _____ /7 Punkte

| MEINE PUNKTE | | | | | | _____ /60 Punkte |
|---|---|---|---|---|---|---|
| ☺ 60–55: | ☺ 54–49: | ☺ 48–43: | 😐 42–37: | ☹ 36–31: | ☹ 30–0: | |
| Super! | Sehr gut! | Gut. | Es geht. | Noch nicht so gut. | Ich übe noch. | |

# Grammatik

**1 Verbinden Sie.**  /3 Punkte

a Wann sind Sie nach Frankfurt gekommen?   Für drei Monate.
b Wie lange leben Sie schon in Frankfurt?   Vor drei Monaten.
c Seit wann arbeiten Sie als Ingenieur?   Seit drei Monaten.
d Für wie lange sind Sie in Frankfurt?   Drei Monate.

**2 Was ist richtig? Kreuzen Sie an.**  /5 Punkte

a Vor fünf Jahren – da ○ bin ⊗ war  ich noch Studentin.
b Im Sommer 2016 ○ sind ○ waren  wir in der Türkei.
c Heute Morgen ○ haben ○ hatten  wir um sieben Uhr schon 15 Grad.
d Ich ○ bin ○ war  lange arbeitslos, aber jetzt ○ habe ○ hatte  ich einen Job in einem Café.
e Unser Urlaub ○ ist ○ war  super! Möchtest du Fotos sehen?

**3 Ergänzen Sie in der richtigen Form: *sein – haben*.**  /7 Punkte

a ◆ Drei Jahre _hatte_ ich eine große Firma.
　○ Da _____ du sicher viel Stress, oder?
　◆ Ja, stimmt. Ich _____ immer im Büro.
　　Aber jetzt habe ich die Firma nicht mehr.

b ◆ Mein Mann _____ 25 Jahre Arbeiter.
　　Am Abend _____ er immer sehr müde.
　○ Und dann?
　◆ Er _____ Probleme mit dem Chef.
　　Jetzt arbeitet er nicht mehr.

c ◆ Du, am Wochenende habe ich Christiane getroffen.
　○ Und? Was habt ihr gemacht?
　◆ Wir _____ in einem Restaurant und in einer Bar.
　　Wir _____ einen schönen Abend zusammen.
　○ Super.

GRAMMATIK  /15 Punkte

**PAUSE**

**Ein Witz. Was antwortet der Mitarbeiter dem Chef? Lesen Sie und kreuzen Sie an.**

Ein Mitarbeiter kommt erst um 11 Uhr zur Arbeit. Der Chef sagt zu ihm:
„Sie sind diese Woche schon viermal zu spät. Wissen Sie, was das bedeutet?"
a ○ „Es ist Mittwoch!"
b ○ „Es ist Donnerstag!"
c ○ „Es ist Freitag!"

# Wortschatz

**4** Ergänzen Sie Wörter mit *Arbeit-/arbeit-*. ...... /4 Punkte

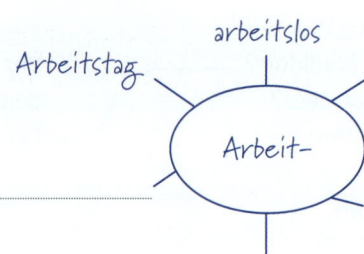

**5** Verbinden Sie. ...... /7 Punkte

a Der Architekt — plant Häuser und arbeitet oft selbstständig.
b Der Journalist — macht Interviews.
c Die Köchin — kocht und backt.
d Die Hausfrau — arbeitet zu Hause: Sie kocht und räumt auf.
e Die Krankenschwester — hilft Patienten.
f Die Studentin — studiert an der Universität.
g Der Reiseführer — arbeitet in der Tourismusbranche.
h Der Kellner — bringt im Restaurant das Essen.

WORTSCHATZ ...... /11 Punkte

---

**LERNTIPP**

**Wörter im Kopf! Ein Gedächtnistraining**

1 Schreiben Sie zehn bis fünfzehn wichtige neue Wörter auf.

2 Lesen Sie die Wortliste 30 Sekunden.

3 Legen Sie die Liste weg und schreiben Sie aus dem Kopf die Wörter. Na? Wie viele Wörter wissen Sie?

# Lesen und Hören

**6  Lesen Sie und kreuzen Sie an.**                                  ...... / 6 Punkte

### A  Wenig Geld für Frauen
Frauen in Europa bekommen für die gleiche Arbeit pro Stunde 16 Prozent weniger als Männer. In Deutschland bekommen die Frauen 20 Prozent weniger Geld als die Männer. Aber immer mehr deutsche Frauen haben einen Job: Im Jahr 2000 hatten nur 53,6 Prozent der Frauen Arbeit. Heute sind es über 68 Prozent.

### B  Lieblingsberufe von Kindern
Mädchen und Jungen in Deutschland sind noch immer traditionell: Mädchen finden soziale Berufe wie Krankenschwester, Lehrerin oder Ärztin gut. Aber die Nummer 1 ist ein Arbeitsplatz im Büro. Krankenpfleger ist kein Beruf für Jungen, nicht einmal ein Prozent will diese Ausbildung machen. Sie möchten lieber Fußballspieler oder Ingenieur werden. Aber auch eine Ausbildung als Polizist finden viele interessant. Der absolute Lieblingsberuf von Jungen? Das ist der Kfz-Mechatroniker: Autos reparieren finden viele gut.

1  Frauen bekommen für ihre Arbeit nicht so viel Geld wie Männer.   ○ richtig  ○ falsch
2  In Deutschland     ○ arbeiten die Frauen wenig.
                      ○ arbeiten heute viele Frauen.
                      ○ sind die Frauen arbeitslos.
3  Soziale Berufe gefallen Mädchen gut.   ○ richtig  ○ falsch
4  Mädchen möchten besonders gern:   ○ Krankenschwester oder Ärztin werden.
                                     ○ Lehrerin werden.
                                     ○ im Büro arbeiten.
5  Eine Ausbildung als Krankenpfleger finden Jungen interessant.   ○ richtig  ○ falsch
6  Besonders gern möchten Jungen   ○ Fußball spielen.
                                   ○ bei der Polizei arbeiten.
                                   ○ Kfz-Mechatroniker werden.

**LESEN**   ...... / 6 Punkte

🔊 35–40  **7  Hören Sie und kreuzen Sie an.**                    ...... / 6 Punkte

a  Wann kann Herr Kara kommen?

○ Morgen um 11 Uhr.       ○ Morgen Nachmittag.       ○ Am Donnerstag um 14 Uhr.

b  Was ist Frau Rosner von Beruf?

○ Sekretärin.             ○ Diplom-Kauffrau.         ○ Verkäuferin.

c  Wann ist Camilla nach Deutschland gekommen?

○ Vor zwei Wochen.        ○ Vor zwei Monaten.        ○ Vor zwei Jahren.

## Hören und Sprechen

d Was möchte Hanna später sein?

○ Mechatronikerin.   ○ Chefin.   ○ Krankenschwester.

e Was möchte Ralf lernen?

○ Deutsch.   ○ Auto fahren.   ○ Kochen.

f Wie lange ist die Arbeitszeit pro Tag?

○ 12 Stunden.   ○ 5 Stunden.   ○ 3 Stunden.

HÖREN ....../6 Punkte

**8 Schreiben Sie Fragen.**   ....../6 Punkte

a ................................................................ Ich bin Lehrerin. Aber im Moment arbeite ich nicht.
b ................................................................ 1990 in Prag.
c ................................................................ Mein Diplom? Vor zehn Jahren.
d ................................................................ Ich lebe jetzt seit drei Jahren in Köln.
e *Wo haben Sie gelebt?* ................................ In Prag und in Wien.
f ................................................................ Seit vier Monaten lerne ich Deutsch.
g ................................................................ Seit sechs Monaten habe ich keine Arbeit mehr.

**9 Ordnen Sie und schreiben Sie ein Telefongespräch.**   ....../6 (12 x 0,5) Punkte

○ ◆ Aha, und bekomme ich für das Praktikum auch Geld?
○ ◆ Oh, super. Vielen Dank für die Informationen. Auf Wiederhören.
① ◆ Guten Tag. Mein Name ist Edyta Machowska. Sie bieten eine Praktikumsstelle. Ist die Stelle noch frei?
○ ○ Aha, Sie sind Studentin. Dann möchten Sie das Praktikum sicher in den Semesterferien machen, oder?
○ ○ Ja, die ist noch frei. Haben Sie denn schon Kenntnisse im Bereich Eventmanagement?
○ ◆ Ja. Geht das ab Juli?
○ ○ Ja, das geht. Aber wir suchen Praktikanten für mindestens drei Monate.
○ ◆ Ja. Ich studiere Wirtschaft in Krakau. Wir hatten auch einen Kurs in Eventmanagement.
○ ○ Das ist gut. Dann schicken Sie Ihre Bewerbung bitte per E-Mail.
○ ◆ Das ist kein Problem. Ich habe von Juli bis September Zeit. Das Semester beginnt erst im Oktober.
○ ◆ Ja, das mache ich ... Eine Frage noch: Wie ist die Arbeitszeit?
○ ○ Praktikanten arbeiten bei uns normalerweise von Montag bis Freitag von 9 bis 17 Uhr.
○ ○ Ja, wir zahlen 500 Euro pro Monat.

◇ *Guten Tag. Mein Name ist ...*

SPRECHEN ....../12 Punkte

**LEKTION 8**   42

# Schreiben

**10** Ordnen Sie die E-Mail. ...... /5 Punkte

> **Student/-in für Kinderbetreuung gesucht!** Wir suchen für unsere Töchter Lisa (5) und Hanna (3) einen Babysitter / eine Babysitterin. Drei Nachmittage pro Woche. Bewerbung an Katrin Bader (E-Mail: k.bader@email.de )

E-Mail senden

Sehr geehrte Frau Bader,
○ Für weitere Informationen stehe ich Ihnen gern zur Verfügung.
○ ich habe Ihre Anzeige auf www.study-jobs.net gelesen.
③ Sehr gern möchte ich als Babysitterin für Sie arbeiten.
○ Vor zwei Jahren habe ich schon als Au-pair bei einer Familie in Nürnberg gearbeitet.
○ Ich mag Kinder und habe auch schon Erfahrung mit Kindern:
○ Ich bin Schwedin und studiere zurzeit Informatik in Leipzig.
Mit freundlichen Grüßen
Alma Olsson

**11** Schreiben Sie eine Bewerbung an Frau Bader. ...... /5 Punkte

Schreiben Sie diese Informationen:
– Ihre Nationalität ist …
– Sie machen zurzeit am Vormittag einen Deutschkurs.
– Am Nachmittag und auch am Abend haben Sie Zeit.
– Sie haben viel Erfahrung: Sie haben drei kleine Geschwister.
– Sie arbeiten gern als Babysitter/-in.

E-Mail senden

*Sehr geehrte Frau Bader,*

*Mit freundlichen Grüßen*

**SCHREIBEN** ...... /10 Punkte

| MEINE PUNKTE | | | | | ...... /60 Punkte | |
|---|---|---|---|---|---|---|
| 😀 | 🙂 | 🙂 | 😐 | ☹️ | ☹️ |
| 60–55: | 54–49: | 48–43: | 42–37: | 36–31: | 30–0: |
| Super! | Sehr gut! | Gut. | Es geht. | Noch nicht so gut. | Ich übe noch. |

# Grammatik

**1 Was muss man tun? Schreiben Sie.** ___/4 Punkte

a Man möchte einen Deutschkurs machen. — Man muss zuerst ein Anmeldeformular ausfüllen.
(zuerst – ein Anmeldeformular ausfüllen)

b Man kommt vom Einkauf zurück und das Auto ist nicht mehr da.
(sofort – die Polizei anrufen)

c Man geht zum Arzt.
(zuerst – im Wartezimmer warten)

d Man möchte später als Lehrer arbeiten.
(an der Universität studieren)

e Man versteht ein Wort nicht.
(im Wörterbuch suchen)

**2 Schreiben Sie Sätze.** ___/6 (3 x 2) Punkte

a Sieh mal: Jetzt dürfen wir nicht fahren.
(fahren)

b Sieh mal: Hier
(Fußball spielen)

c Sieh mal:
(parken)

d Oje, sieh mal:
(essen)

**3 Ergänzen Sie in der richtigen Form: nicht dürfen – nicht müssen.** ___/4 Punkte

a ◆ Mama, ich will nicht zu Oma fahren.
  ○ Du _musst nicht_ mitfahren. Du kannst zu Hause bleiben.

b ◆ Sieh mal, die Katzen. Die essen ja Eis!
  ○ He, ihr da! Die Katzen _____ auf dem Tisch sein!

c ◆ Huch! Wie spät ist es? Muss ich schon aufstehen?
  ○ Nein, du _____ aufstehen. Heute ist Sonntag.

d ◆ Papa, ich gehe jetzt Fußball spielen. Tschüs!
  ○ Moment! Hast du die Hausaufgaben gemacht? Nein? Dann _____ du _____ Fußball spielen.

e ◆ Entschuldigen Sie, aber hier _____ Sie _____ rauchen!

# Grammatik und Wortschatz

**4** Ergänzen Sie in der richtigen Form. Schreiben Sie auf ein Blatt Papier. ...... /6 Punkte

zuhören geben ausmachen sprechen besuchen schließen

|  | Typ „kommen" | Typ „helfen" | Typ „aufstehen" |
|---|---|---|---|
| du | Komm! | Hilf! | Steh auf! |
| ihr | Kommt! | Helft! | Steht auf! |
| Sie | Kommen Sie! | Helfen Sie! | Stehen Sie auf! |

**GRAMMATIK** ...... /20 Punkte

**5** Was passt nicht? Streichen Sie. ...... /3 Punkte

a einen Antrag    ausfüllen – ~~benutzen~~ – abgeben
b einen Ausweis    beantragen – mitbringen – ausmachen
c eine Auskunft    brauchen – geben – buchstabieren
d ein Wort    erklären – helfen – verstehen

**6** Wie heißen die Wörter? Ergänzen Sie. ...... /5 Punkte

◆ Guten Tag. Ich möchte einen Deutschkurs _besuchen_ (subeench).
○ Sehr schön. Bitte _____ (rtwaen) Sie noch einen Moment.
Entschuldigung, aber hier dürfen Sie nicht _____ (chnraue)!
Bitte machen Sie die Zigarette aus.
◆ Oh, tut mir leid.
○ So, jetzt habe ich Zeit für Sie. Sie müssen bitte das Anmeldeformular
_____ (usfülalen).
◆ Die Wörter sind sehr schwer. Ich _____ (hestever)
nicht alles. Können Sie mir _____ (elfhen)?
○ Ja, natürlich. Kein Problem.

**WORTSCHATZ** ...... /8 Punkte

---

**LERNTIPP**

**Wortnetze**

1 Was sind Ihre Ideen zu einem Thema oder Wort? Schreiben Sie das Wort auf und alle Ideen um das Wort herum. Möchten Sie noch mehr Wörter wissen? Suchen Sie auch im Wörterbuch!

2 Und welche Ideen haben Sie zu diesen Wörtern? Notieren Sie auch diese.

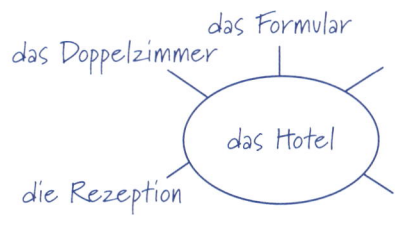
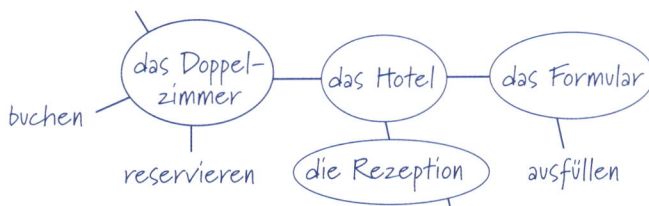

# Lesen

**7 Was soll man tun? Lesen Sie und kreuzen Sie an.** ___ /3 (6 x 0,5) Punkte

## 24 STUNDEN IN BAMBERG

Haben Sie nur einen Tag Zeit für Bamberg? Kein Problem!
In Bamberg sind alle Sehenswürdigkeiten nah zusammen.

**9 Uhr:** Beginnen Sie den Tag mit einem Frühstück im Café Graupner im Stadtzentrum. Das Café ist schon mehr als 100 Jahre alt.
**10 Uhr:** Lernen Sie die Altstadt bei einer Führung kennen: Der Dom und die schönen alten Häuser gefallen Ihnen sicher. Auch interessant: das Alte Rathaus.
**12 Uhr:** Bamberg ist eine Bier-Stadt. Essen Sie in einem traditionellen Restaurant und probieren Sie das Bamberger Bier.
**14 Uhr:** Besuchen Sie die Neue Residenz und den Rosengarten mit den 4500 Rosen. Der Blick auf die Stadt ist toll! Oder machen Sie eine Tour mit dem Schiff nach „Klein Venedig". Italien in Bamberg? Lassen Sie sich überraschen!
**19 Uhr:** Zeit fürs Abendessen.
**Tipp:** Essen und trinken Sie im berühmten „Schlenkerla" (Dominikanerstraße).

Man soll ...
○ mindestens zwei Tage in der Stadt bleiben.
○ in einem alten Café frühstücken.
○ eine Führung machen.
○ ein Bier trinken.
○ Rosen kaufen.
○ nach Italien fahren.

**8 Richtig oder falsch? Lesen Sie und kreuzen Sie an.** ___ /5 Punkte

A **Gasthof zum Hahn** Biergarten
Das Essen und Trinken von mitgebrachten Speisen ist **verboten.**

B Hunde müssen leider draußen warten.

C **Dr. med. Helmut Ebert**
Allgemeinarzt
**Sprechstunden:**
Montag – Freitag 8–12 Uhr
Montag, Dienstag 14–19 Uhr
Telefon 02 28 / 65 30

D Einkaufen ohne Stress
am verkaufsoffenen Sonntag
Sonntag, 25. März, 12–18 Uhr

E Ab **sofort** können Sie sich für die Herbstkurse anmelden!
• Anmeldung für **Deutschkurse:** Frau Klinger, Zimmer 304
• **Englisch-, Französisch-, Spanischkurse** und **andere Sprachen:** Frau Tremba, Zimmer 306

F Bitte im Lesesaal nicht laut sprechen und die Handys ausmachen! Danke.

|  | richtig | falsch |
|---|---|---|
| A Hier darf man sein Essen nicht mitbringen. | ✗ | ○ |
| B Hier darf man den Hund nicht mitnehmen. | ○ | ○ |
| C Man kann am Mittwochnachmittag zu Herrn Dr. Ebert gehen. | ○ | ○ |
| D Hier kann man jeden Sonntag einkaufen. | ○ | ○ |
| E Für einen Russischkurs muss man in Zimmer 306 gehen. | ○ | ○ |
| F In der Bibliothek darf man nicht telefonieren. | ○ | ○ |

LESEN ___ /8 Punkte

# Hören und Sprechen

**9  Was ist richtig? Hören Sie und kreuzen Sie an.**  /4 Punkte

a  Herr und Frau Rudov möchten ein Auto  ☒ mieten.  ○ kaufen.
b  Sie müssen  ○ eine  ○ keine  Kaution bezahlen.
c  Das Auto kostet  ○ 270 Euro.  ○ 700 Euro.
d  Sie müssen das Auto  ○ am Sonntagvormittag
    ○ am Sonntagnachmittag  zurückbringen.
e  Das Auto ist  ○ in der Garage.  ○ auf dem Parkplatz.

HÖREN  /4 Punkte

**PAUSE**

**Lösen Sie das Rätsel.**

1  Dort bekommen Touristen Auskünfte.
2  Hotelzimmer für eine Person
3  In einem Museum muss man … bezahlen.
4  Hotelzimmer für zwei Personen
5  Touristen besichtigen eine …
6  Studenten, Kinder und Gruppen bezahlen oft nicht so viel. Sie bekommen eine …
7  Bei der Ankunft gehen Hotelgäste zuerst zur …
8  Viele Hotelgäste möchten ein Zimmer mit … auf die Berge oder einen See.

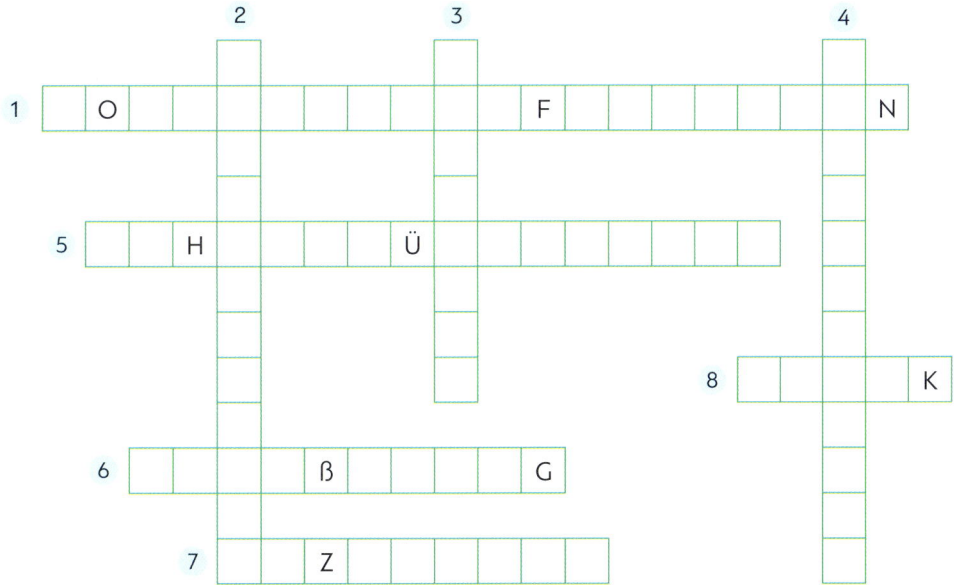

**10  Wie können Sie auch sagen? Verbinden Sie.**  /4 Punkte

a  Entschuldigung, darf ich Sie etwas fragen?          1  Was kostet der Eintritt?
b  Wie bitte? Das habe ich nicht verstanden.           2  Kann man eine Domführung machen?
c  Von wann bis wann kann man den Dom besichtigen?     3  Ich brauche bitte eine Auskunft.
d  Wie viel muss ich bezahlen?                         4  Wie lange ist der Dom geöffnet?
e  Gibt es eine Domführung?                            5  Können Sie das bitte wiederholen?

# Sprechen und Schreiben

**11 Schreiben Sie ein Gespräch.** ___ /10 Punkte

Nur bis morgen.   Guten Tag. Kann ich Ihnen helfen?
Eine Nacht im Einzelzimmer mit Frühstück, das sind 92 Euro.   Also, eine Nacht. Mit Frühstück?
Frühstück gibt es von 7 bis 10. Hier ist Ihr Schlüssel, Zimmer 546.   Ja, gern. Was kostet das?
Gut, ich nehme das Zimmer.   Sehr gern. Dann müssen Sie nur noch das Formular hier ausfüllen.
Ja, bitte. Haben Sie noch ein Einzelzimmer?   Ja, natürlich. Wie lange möchten Sie bleiben?
Natürlich. Hier bitte. Eine Frage noch: Von wann bis wann gibt es Frühstück?

◆ Guten Tag. Kann ich Ihnen helfen?

**SPRECHEN** ___ /14 Punkte

**12 Ein Diktat. Hören Sie und schreiben Sie. Ergänzen Sie auch ! oder ?** ___ /6 Punkte

a   Trinken
b
c
d
e
f

**SCHREIBEN** ___ /6 Punkte

| MEINE PUNKTE | | | | | | ___ /60 Punkte |
|---|---|---|---|---|---|---|
| ☺ 60–55: | ☺ 54–49: | ☺ 48–43: | 😐 42–37: | ☹ 36–31: | ☹ 30–0: | |
| Super! | Sehr gut! | Gut. | Es geht. | Noch nicht so gut. | Ich übe noch. | |

# Grammatik

**1 Was passt? Kreuzen Sie an.** ___/3 (6 x 0,5) Punkte

a Frau Schulze hat Schmerzen: ☒ Ihr ○ Sein Bauch tut weh.
b Herr Möller hat Fieber. ○ Ihr ○ Sein Arzt sagt, er soll im Bett bleiben.
c Anna kann nicht zum Deutschkurs kommen. ○ Ihr ○ Sein Sohn ist krank.
d Wladimir hatte einen Unfall. Jetzt tut ○ ihr ○ sein Bein weh.
e Minas Lehrer ist in Hamburg. Dort lebt ○ ihre ○ seine Mutter. Sie ist krank.
f Meine Chefin hat ○ ihre ○ seine Tochter zum Kinderarzt gebracht.
g Julia hat Schnupfen. ○ Ihre ○ Seine Nase tut weh.

**2 Ergänzen Sie.** ___/5 Punkte

a ◆ Hier. Du musst noch dein _e_ Tabletten nehmen.
  ○ Muss das sein? Mein _/_ Arzt hat doch gesagt, ich bin wieder gesund.
b ◆ Wie geht es dir?
  ○ Nicht gut. Mein_____ Augen sind nicht mehr gut. Ich sehe so schlecht.
c ◆ Hast du dein_____ Bein schon gekühlt?
d ◆ Eva will ihr_____ Mann im Fitnessstudio anmelden. Er soll Sport machen.
  ○ Hat sie sein_____ Arzt auch gefragt?
e ◆ Hier darf man nicht rauchen. Macht bitte eur_____ Zigaretten aus!

**3 Schreiben Sie Sätze.** ___/3 Punkte

A *Bitte sprich lauter, Marisa.*

B *Es ist schon spät. Du bleibst zu Hause.*

C *Mama, bitte spiel mit! Das Spiel ist lustig!*

D *Bring den Hund in den Garten!*

Die Frau _soll lauter sprechen._

Der Junge _____

Die Mutter _____

Der Junge _____

**4 Ergänzen Sie in der richtigen Form: sollen – müssen.** ___/5 Punkte

a Ich habe oft Kopfschmerzen und _soll_ nicht mehr so lange am Computer arbeiten.
b Wir _____ nicht so laut sein, hat Mama gesagt. Hört ihr nicht?
c Ihr Termin ist um 10.30 Uhr. Sie _____ bitte noch einen Moment warten. Der Wartebereich ist dort.
d Nein, wir können am Samstag nicht zusammen einkaufen. Ich _____ arbeiten.
e Ihr _____ nicht so viel fernsehen. Das ist schlecht für die Augen.
f Peter hat Kopfschmerzen? Er _____ viel trinken.

GRAMMATIK ___/16 Punkte

# Wortschatz

**5  Ergänzen Sie.** ___ /3 (6 x 0,5) Punkte

a  _der_ _____   c  _____   e  _____

b  _____   d  _____   f  _____

**6  Wie heißen die Wörter? Ergänzen Sie.** ___ /6 Punkte

◆ Hallo, Martin – oje, was ist passiert?
○ Ich hatte einen _Unfall_ (fllaUn).
◆ Tut dein Arm sehr weh?
○ Ja, ich habe schlimme _____ (merSchzen). Mein Arzt hat gesagt, ich soll _____ (bletTaten) kaufen. Ich soll auch eine _____ (bealS) verwenden. Ich darf nicht arbeiten.
◆ Wie lange musst du denn zu Hause bleiben?
○ Warum „musst"? Ich darf eine Woche zu Hause bleiben. Und wie geht es dir?
◆ Ach, ganz gut. Ich habe _____ (steHun) und _____ (nupSchfen) und mein _____ (cküRen) tut weh. Aber es ist nicht schlimm.

WORTSCHATZ   ___ /9 Punkte

---

**LERNTIPP**

**Situationsbilder**
Zeichnen Sie Bilder zu Situationen und beschriften Sie die Bilder. So lernen Sie die Wörter im Kontext und sie bleiben besser im Kopf.
Oder schneiden Sie Fotos aus Zeitungen und Zeitschriften aus und schreiben Sie die Wörter auf die Fotos.

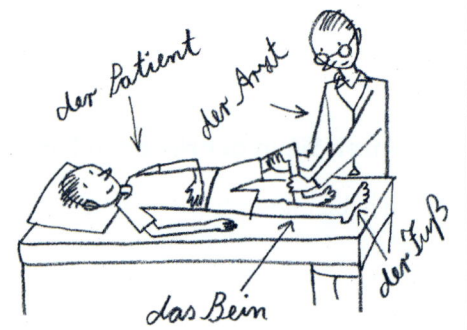

# Lesen

**PAUSE**

Was bedeutet das? Lesen Sie und kreuzen Sie an.

Meine Nase läuft.

A

○ Meine Nase kann gehen.

B

○ Ich habe Schnupfen.

**7** Lesen Sie und ordnen Sie zu. ...... /4 Punkte

a Wo kann man mit Sport etwas für die Gesundheit tun? ○
b Wo kann man auch Urlaub machen? ○
c Wo bekommt man einen Job? ○
d Wer gibt Gesundheitstipps? ○

**1** Spezialwoche „Fit und Gesund"
vom 8. 9. – 15. 9.
inkl. 2 Massagen, 3 Wanderungen, Frühstück und Abendessen, Fitness-Getränke und Obst an der Bar, großes Schwimmbad, Sauna, Fitnessraum!
Gleich anmelden:
**Wellness-Hotel Bergblick**,
Telefon: 0041-543-18401

**2** STRESS im Beruf?
Zu WENIG ZEIT für Sport?
Dr. Stefan Weber erklärt,
wie Sie gesund bleiben.
**Termin:** Donnerstag,
13. September, 19 Uhr
**Ort:** Seminarzentrum
Eintritt frei

**3** ≋ Fit und gesund im Wasser! ≋
Unser neuer Aquajogging-Kurs beginnt!
**Termin:** donnerstags, 18 bis 19 Uhr
Anmeldungen bis 30. September im
Schwimmbad am Waldstadion

**4** **Krankenschwester/Krankenpfleger**
für die Kinderstation gesucht!
Auskunft gibt Chefarzt Dr. Harald Matussek
Telefon: 069/845-65
**Krankenhaus Augustinum**
Carl-Benz-Str. 63
53879 Frankfurt/Main

**8** Lesen Sie und kreuzen Sie an: richtig oder falsch? ...... /3 Punkte

Hallo Paul, wir sind zum Arzt gefahren. Lena hat so schlimme Bauchschmerzen. Vielleicht hat sie etwas Falsches gegessen. Bis später! Marijana.
P. S. Wir haben kein Wasser mehr. Gehst Du bitte zum Supermarkt? Wir brauchen sechs Flaschen.

|   | richtig | falsch |
|---|---|---|
| a Lenas Bauch tut weh. | ○ | ○ |
| b Lena bringt Marijana zum Arzt. | ○ | ○ |
| c Paul soll Wasser kaufen. | ○ | ○ |

LESEN ...... /7 Punkte

## Hören und Sprechen

🔊 43–45  **9** Hören Sie drei Gespräche. Wo sind die Personen? Ordnen Sie zu. _____ /3 Punkte

    A In der Arztpraxis.     B Im Wellness-Hotel.     C Im Fitnessstudio.
    ○ Gespräch 1                ○ Gespräch 2            ○ Gespräch 3

🔊 43–45  **10** Hören Sie noch einmal und kreuzen Sie an. Was ist richtig? _____ /7 Punkte

    Gespräch 1:   a ○ Frau Schober ist zu dick.
                      b ○ Frau Schober ist sehr gesund.
    Gespräch 2:   c ○ Herr Bönisch hat am Montag einen Arzttermin.
                      d ○ Die Arzthelferin hat einen Termin für Donnerstag notiert.
                      e ○ Herr Bönisch hat am Donnerstag keine Zeit.
    Gespräch 3:   f ○ Frau Feldmann darf das Schwimmbad und die Sauna benutzen.
                      g ○ Sie möchte einen Termin für eine Massage.

**HÖREN** _____ /10 Punkte

🔊 46  **11** Was sagt der Mann? Was tut weh?
Sprechen Sie. Hören Sie dann und vergleichen Sie. _____ /3 (6 x 0,5) Punkte

A

B

C

D

E

F

**12** Wie können Sie auch sagen? Verbinden Sie. _____ /4 Punkte

    a Kann ich den Termin verschieben?          1 Ich muss leider absagen.
    b Ich kann jetzt doch nicht kommen.         2 Könnte ich bitte einen Termin haben?
    c Braucht man da einen Termin?              3 Kann ich am Dienstag kommen?
    d Ich möchte einen Termin vereinbaren.      4 Kann man einfach vorbeikommen?
    e Haben Sie am Dienstag einen Termin frei?   5 Ich möchte an einem anderen Tag kommen.

# Sprechen und Schreiben

## 13 Was sagt der Mann? Ordnen Sie zu und sprechen Sie den Text. Hören Sie dann und vergleichen Sie.

____ / 4 Punkte

a Kann ich bitte schon heute kommen? Es ist dringend.   b Oh, gut. Dann komme ich sofort.
c Guten Tag, hier spricht Miller. Ich brauche bitte einen Termin bei Frau Doktor Ewers.
d Erst morgen? Ich habe aber starke Schmerzen.

- Praxis Doktor Ewers, guten Tag.
- Ja, Herr Miller. Wann haben Sie denn Zeit? Am Vormittag oder am Nachmittag?
- Hm, mal sehen. … Also, heute habe ich keinen Termin mehr frei. Morgen um 8.10 Uhr. Passt das?
- Sie haben Schmerzen? Dann können Sie einfach vorbeikommen.
- In Ordnung, Herr Miller. Auf Wiederhören.

**SPRECHEN** ____ / 11 Punkte

## 14 Ordnen Sie die Wörter und schreiben Sie die E-Mail richtig.

____ / 7 Punkte

Herren – geehrte – Sehr – Damen und
wir – eine Gruppe von – sind – 8 Personen – möchten – und – gern – kommen – zu Ihnen
habe – Ich – Fragen – folgende   Sie – Haben – vom 1. bis 7. Juli – frei – 4 Doppelzimmer
die Massagen – kosten – Was – und – die Sportangebote
Tipps – Haben – für – Ausflüge – Sie – in die Natur
Dank – Vielen – Ihre Auskunft – für   freundlichen – Mit – Grüßen

> **E-Mail senden**
>
> Sehr geehrte Damen und Herren,

**SCHREIBEN** ____ / 7 Punkte

| MEINE PUNKTE | | | | | ____ / 60 Punkte | |
|---|---|---|---|---|---|---|
| ☺ 60–55: | ☺ 54–49: | ☺ 48–43: | 😐 42–37: | ☹ 36–31: | ☹ 30–0: |
| Super! | Sehr gut! | Gut. | Es geht. | Noch nicht so gut. | Ich übe noch. |

# Grammatik

**1 Wo steht das Auto? Ergänzen Sie.** _____ /5 Punkte

a Neben _der_ Bank.

b Vor _____ Garage.

c Zwischen _____ Häusern.

d Hinter _____ Restaurant.

e Auf _____ Parkplatz.

f An _____ Bushaltestelle.

**2 Was ist richtig? Kreuzen Sie an.** _____ /3 (6 x 0,5) Punkte

a Petra lebt schon seit zehn Jahren ☒ in ○ nach ○ zu Wien.
b Im Sommer fahren wir ○ in ○ nach ○ zu Norddeutschland.
c Am Samstag geht Klaus ○ ins ○ nach das ○ zum Kino.
d Karl arbeitet viel. Er ist nie ○ ins ○ nach ○ zu Hause.
e Lisa hat eine Freundin ○ in der ○ in die ○ nach der Schweiz.
f Von Montag bis Freitag geht Mehtap ○ im ○ zum ○ nach Deutschkurs.
g Adrian ist krank. Er ist ○ zum ○ bei der ○ beim Arzt.

**3 Ergänzen Sie in der richtigen Form: *bei – zu – nach*.** _____ /8 Punkte

a ◆ Ist Paula _zu_ Hause?
  ○ Nein, sie ist _____ Arzt.
  ◆ Aha. Und wann kommt sie _____ Hause?
  ○ Also, zuerst fährt sie noch _____ Supermarkt, ich glaube, so um sieben.

b ◆ Ich habe so schlimme Kopfschmerzen.
  ○ Geh doch _____ Apotheke.
  ◆ Da war ich schon. Ich glaube, ich muss _____ Arzt.

c ◆ Am Sonntag fahren wir _____ Familie Schuster.
  ○ Oh nein! Muss das sein? Ich bleibe lieber _____ Opa.
  ◆ Ok. Du und Opa, ihr könnt _____ Hause bleiben.

GRAMMATIK _____ /16 Punkte

LEKTION 11

# Wortschatz

**4 Wo ist das? Ergänzen Sie die Orte.** /7 Punkte

A

B

C

An der T_____. In der M_____. In der A_____.

D

E

F

In der W_____. Am K_____. Am B_____.

G

H

In der Bücherei. In der B_____.

**5 Wie kann man die Information auch notieren? Ergänzen Sie.** /3 Punkte

a Der Zug fährt um 11.30 Uhr ab. → _____: 11.30 Uhr
b Er kommt um 14.00 Uhr in Bonn an. → _____: 14.00 Uhr
c Um 14.10 Uhr kann man mit dem
  nächsten Zug nach Köln weiterfahren. → Anschluss nach Köln: 14.10 Uhr
d Aber der Zug ist 15 Minuten zu spät. → _____: 15 Minuten

WORTSCHATZ ____ /10 Punkte

> **LERNTIPP**
>
> **Mit der Hand schreiben**
> Was man schreibt, bleibt besser im Kopf!
> Schreiben Sie neue Wörter – immer wieder.
> Schreiben Sie mit der Hand, nicht mit dem
> Computer oder Smartphone!

# Lesen

**6 Was ist richtig? Lesen Sie und kreuzen Sie an.** ___ /5 Punkte

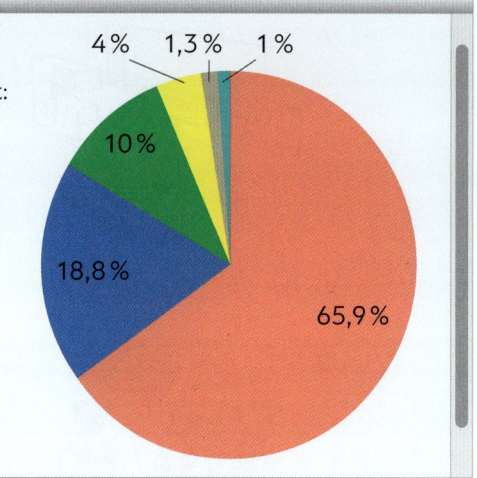

**Der Weg zur Arbeit**
... ist nicht immer kurz. So kommen die Deutschen zur Arbeit:
65,9 % mit dem eigenen Auto
18,8 % zu Fuß oder mit dem Fahrrad
10 % mit dem Bus oder mit der Straßen-, U-, S-Bahn
4 % im Auto von anderen
1,3 % mit dem Zug
1 % mit anderen Verkehrsmitteln (Motorrad, ...)

a ○ Acht Prozent gehen zu Fuß oder fahren Fahrrad.
b ○ Viele fahren mit dem Auto zur Arbeit.
c ○ Zehn Prozent nehmen den Bus.
d ○ Vier Prozent fahren im Auto von Freunden, Kollegen ... mit.
e ○ Nur wenige fahren mit dem Zug.

**7 Lesen Sie und kreuzen Sie an: richtig oder falsch?** ___ /5 Punkte

E-Mail senden

Liebe Carola,

ich bin in meine neue Wohnung gezogen! Am Samstag mache ich eine Party. Komm doch auch!
Meine Adresse ist: Alpenstraße 11 in Weilheim. Am besten kommst Du mit dem Zug. Hier kommt jede Stunde ein Regionalzug aus München an.
Vom Bahnhof ist es nicht mehr weit. Du kannst zu Fuß gehen, ca. 800 Meter geradeaus und dann an der Ampel links in die Wallbergstraße, dann die dritte Straße rechts. Das ist schon die Alpenstraße. Unser Haus ist gelb.
Oder Du fährst mit dem Bus, zwei Stationen. Die Haltestelle heißt „Kindergarten". Hoffentlich kannst Du kommen.

Bis Samstag!
Kerstin

|  | richtig | falsch |
|---|---|---|
| a Kerstin wohnt in Weilheim. | ○ | ○ |
| b Carola soll mit dem Zug kommen. | ○ | ○ |
| c Der Weg vom Bahnhof bis zu Kerstin ist lang. | ○ | ○ |
| d Am Bahnhof muss Carola den Bus nehmen. | ○ | ○ |
| e In Kerstins Haus ist ein Kindergarten. | ○ | ○ |

LESEN ___ /10 Punkte

# Hören und Sprechen    11

**PAUSE**

Wo ist Lara? Ergänzen Sie und finden Sie die Lösung.

A  B  C
D  E
F  G

Lara ist _____.

🔊 48–51  **8** Wohin möchten die Leute? Wie kommen sie dorthin? Hören Sie und ergänzen Sie.    ___ / 6 Punkte

| | Wohin? | Wie? |
|---|---|---|
| a | zur Post | zu Fuß |
| b | | |
| c | | |
| d | | |

🔊 52  **9** Was ist richtig? Hören Sie und kreuzen Sie an.    ___ / 4 Punkte

a Der Mann möchte  ○ eine einfache Fahrkarte.  ○ hin und zurück fahren.
b Er  ○ kann direkt fahren.  ○ muss umsteigen.
c In Berlin muss er  ○ die S-Bahn  ○ den Bus  nehmen.
d Er kommt um  ○ 14.25 Uhr  ○ 15.05 Uhr  an.

HÖREN ___ / 10 Punkte

**10** Was antworten Sie? Schreiben Sie.    ___ / 3 Punkte

Entschuldigen Sie, wo ist hier der Bahnhof, bitte?

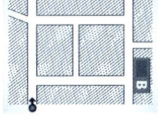 a  Gehen Sie gleich hier nach rechts und dann immer geradeaus.

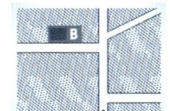 c

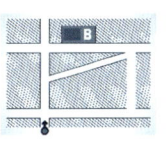 b

 d

57  LEKTION 11

## Sprechen und Schreiben

**11** Schreiben Sie die Fragen. _____ /5 Punkte

a _____? Der nächste Zug nach Dortmund? Um 15.16 Uhr.

b Aha. _____? Von Gleis 8.

c _____? Die Ankunft in Dortmund ist um 18.05 Uhr.

d _____? Ja, in Köln.

e Habe ich in Köln direkt Anschluss _____? Ja, Sie kommen um 16.28 Uhr in Köln an und haben Anschluss um 16.48 Uhr.

f _____? Die Fahrkarte können Sie am Automaten und hier am Schalter kaufen.

**SPRECHEN** _____ /8 Punkte

**12** Schreiben Sie eine Antwort. _____ /6 Punkte

mit Zug | Ankunft: Samstag, 9.10 Uhr am Hauptbahnhof | mich nicht abholen
mit Bus fahren | bis Sonntag | Abfahrt: 15.30 Uhr

> Hallo Lukas,
> Du schreibst, Du kommst am Wochenende. Wie schön!
> Ich habe noch ein paar Fragen: Nimmst Du den Zug oder das Flugzeug? Wann genau kommst Du? Soll ich Dich abholen? Und wie lange bleibst Du?
> Viele Grüße
> Majid

Hallo Majid,
ich _____.
Mein Zug _____
_____
Du musst _____
Ich _____
Ich _____
Mein Zug _____
Bis Samstag!
Lukas

**SCHREIBEN** _____ /6 Punkte

| MEINE PUNKTE | | | | | | _____ /60 Punkte |
|---|---|---|---|---|---|---|
| | 😀 60–55: | 🙂 54–49: | 🙂 48–43: | 😐 42–37: | 🙁 36–31: | 😞 30–0: |
| | Super! | Sehr gut! | Gut. | Es geht. | Noch nicht so gut. | Ich übe noch. |

# Grammatik

**1 Ergänzen Sie:** *vor – bei – nach*. ___ /5 Punkte

A Das ist Lili _bei den_ Hausaufgaben.

B Das sind Alina und ihre Mutter _____ Schule.

C Das ist Frau Maier _____ Mittagessen.

D Das sind Nora und Lisa _____ Tanzkurs.

E Das ist Frau Weber _____ Frühstück.

F Das ist Herr Schneider _____ Arbeit.

**2 Ergänzen Sie:** *einem – einer*. ___ /6 Punkte

a ◆ Kommt der Zug nicht in fünf Minuten?
  ○ Nein, erst in _einer_ Stunde.
  ◆ Was? Ich warte schon seit _____ Viertelstunde.

b ◆ Vor _____ Monat hatte Tobias noch einen Job. Jetzt ist er arbeitslos.
  ○ Ja, so schnell kann das passieren. Seit _____ Woche ist er auch noch krank!

c ◆ In _____ Jahr will ich im Ausland studieren.

d ◆ Schnell, komm! In _____ Minute beginnt der Film.

e ◆ Ist mein Reisepass schon fertig?
  ○ Tut mir leid! Kommen Sie in _____ Woche wieder.

**3 Schreiben Sie höfliche Bitten.** ___ /4 Punkte

a Meine Hand tut so weh.    du – könntest – die Rechnung – schreiben – bitte
  _Könntest du bitte die Rechnung schreiben_ ?

b Frau Hellmann hat angerufen.    Sie – würden – Frau Hellmann – bitte – zurückrufen
  _____ ?

c Der Drucker funktioniert nicht.    den Techniker – Sie – könnten – anrufen – bitte
  _____ ?

d Wir haben keine Milch mehr.    fahren – würdest – zum Supermarkt – schnell – du
  _____ ?

e Ich brauche dringend deine Hilfe.    bitte sofort – könntest – du – kommen
  _____ ?

GRAMMATIK ___ /15 Punkte

# Wortschatz

**4 Was ist richtig? Kreuzen Sie an.** ___ /4 Punkte

a Bringen Sie das Gerät bitte ○ hier. ✗ vorbei.
b Kommen Sie in einer Stunde wieder. Dann ist das Gerät ○ fertig. ○ kaputt.
c Herr Meier ist nicht da. Bitte rufen Sie einfach später noch mal ○ an. ○ zurück.
d Hier ○ spricht ○ ruft Nina Schulze.
e Die Tasche ist kaputt. Bitte geben Sie mir mein Geld ○ aus. ○ zurück.

**5 Was passt? Schreiben Sie.** ___ /6 Punkte

a die Flasche
b das Handy
c den Herd
d den Drucker
e das Foto
f das Fenster
g die Reparatur

anmachen
aufmachen
ausmachen
zumachen
machen

*die Flasche aufmachen, die Flasche zumachen*

**6 Verbinden Sie und schreiben Sie.** ___ /4 Punkte

a Kleider — nähen
b Bescheid — machen
c ein Gerät — reparieren
d Fehler — sparen
e Geld — sagen

*Kleider nähen*

| WORTSCHATZ | ___ /14 Punkte |

## PAUSE

**Silbenrätsel. Finden Sie die passenden Wörter.
Die markierten Buchstaben sind von oben nach unten das Lösungswort.**

p**a** – mail – ga – vice
b**e** – para – **r**ech
über – tung – ran – b**o**x
re – zung – ser
pier – ra – nung – **s**et – **t**ie – **t**ur

a Bei einem neuen Gerät hat man _____.
b Ich bin nicht da. Sprechen Sie eine Nachricht auf die _____.
c Für den Drucker braucht man _____.
d Sie brauchen Ihr Zeugnis auf Deutsch? Dann brauchen Sie eine _____.
e Ihr Fernseher ist kaputt? Rufen Sie einen _____ an.
f Haben Sie ein Problem? Dann brauchen Sie _____.
g Auf der _____ steht, wie viel man bezahlen muss.

**Lösung**: Das Gerät auf dem Foto ist ein _____.

LEKTION 12   60

# Lesen

**LERNTIPP**

Lernen im Auto, im Zug, im Bus …
Sprechen Sie Fragen zu Wörtern, Regeln und wichtigen Ausdrücken auf einen MP3-Rekorder oder Ihr Handy. Hören Sie die Aufnahme auf langen Autofahrten oder auf dem Weg zur Arbeit und antworten Sie auf Ihre Fragen. Sie hören lieber Geschichten? Dann nehmen Sie die Foto-Hörgeschichten aus *Schritte international Neu* mit und hören Sie diese. Bald verstehen Sie immer mehr Details. Übrigens: Auch deutsche Lieder sind eine gute Idee.

**7 Wo rufen Sie an? Notieren Sie die Telefonnummer.** _____ / 5 Punkte

**Deutsche Telefon-Komm**
– der Anbieter für Telefon, Handy, E-Mail, Internet
Fragen zu Ihrer Rechnung, zu unseren Preisen oder Probleme mit der Technik? Rufen Sie unsere kostenlose Servicenummer an: 0800 22 44 88

**HANDYS FÜR EINSTEIGER**
Die VHS Pirmasens bietet ab 1. Oktober wieder einen Handy-Kurs für Anfänger an. In unserem Handy-Kurs lernen Sie alles rund um das Handy. So können Sie bald perfekt Nachrichten schicken und vieles mehr.
**Mehr Informationen und Anmeldung**
Telefon: 872-13

**Wir reparieren zu günstigen Preisen!**
Handy-Reparatur Strobel
Mechanische Reparaturen, Displaytausch, Reinigung, Ersatzteile und vieles mehr
Telefon: 0203/65 02
E-Mail: info@handy-reparatur.net

**Ideal für Fotofans!**
Super Handy zu verkaufen, nur 6 Monate alt, wenig benutzt; tolle Fotos machen mit der Dual-Lens-Kamera von Leiky: mehr Licht, mehr Kontrast – Bilder wie mit der Profi-Kamera!
**VHB: 150 Euro**
Ruf an: 0172/13 45 33

**Handy gesucht?**
Günstig gebrauchte Handys kaufen oder das eigene Handy verkaufen!
Handy-Börse
Im Thal 3
82377 Penzberg
Mo–Fr 9–18 Uhr
Sa 10–14 Uhr
Mehr Informationen:
0175/2 10 20

**HANDY-KURSE IN SCHULEN**
Schon kleine Kinder haben heute ein Handy. Sie spielen, telefonieren und fotografieren damit. Aber es gibt auch viele Gefahren.
Ich komme in Ihre Schulklasse (2. Klasse bis 6. Klasse) und erkläre den Kindern alles über die Funktionen, Kosten und Gefahren des Handys.
Gisela Meinhart (*Handy: 0160/712 216*)

a  Sie sind Lehrerin und möchten Ihre Klasse über Handys informieren.   0160/71 22 16
b  Sie fotografieren gern.   _____
c  Wie funktioniert ein Handy? Sie möchten es lernen und suchen einen Kurs.   _____
d  Ihr Handy ist kaputt. Sie wollen aber kein neues Handy kaufen.   _____
e  Sie haben eine Handy-Rechnung bekommen.
   Aber die Rechnung ist nicht richtig.   _____
f  Sie möchten Ihr Handy verkaufen.   _____

LESEN _____ / 5 Punkte

## Hören und Sprechen

🔊 53–55  **8** Hören Sie und kreuzen Sie an: Was soll Frau Hagen tun? ........./3 Punkte

    a ○ Einen Flug buchen.
       ○ Ein Auto mieten.

    b ○ Herrn Smith abholen.
       ○ Herrn Meyer informieren.

    c ○ Eine Stadtrundfahrt organisieren.
       ○ Einen Arzttermin verschieben.

🔊 53–55  **9** Hören Sie noch einmal und ergänzen Sie. ........./3 (6 x 0,5) Punkte

    a Die Telefonnummer von der Autovermietung ist _____.
      Frau Hagen soll das Auto ○ zwei ○ drei ○ vier Tage mieten.
    b Herr Smith kommt um _____ Uhr.
      Das Flugzeug von Herrn Smith ○ ist pünktlich. ○ hat Verspätung. ○ ist nicht geflogen.
    c Herr Meyer ruft _____ noch einmal an.
      Herr Mayer trifft Herrn Smith ○ um fünf Uhr. ○ um fünfzehn Uhr. ○ heute nicht.

                                                                                     **HÖREN** ......./6 Punkte

**10** Wie können Sie auch sagen? Kreuzen Sie an: Was bedeutet das Gleiche? ........./6 Punkte

    a Mein Fernseher ist kaputt.
      ○ Mein Fernseher funktioniert nicht.
      ○ Mein Fernseher hat ein Problem.

    b Was kann ich für Sie tun?
      ○ Wie kann ich Ihnen helfen?
      ○ Könnten Sie mir bitte helfen?

    c Bis wann können Sie das Gerät reparieren?
      ○ Wie lange brauchen Sie für die Reparatur?
      ○ Wer kann das Gerät reparieren?

    d Könnten Sie mir bitte helfen?
      ○ Ich helfe Ihnen gern.
      ○ Ich brauche Ihre Hilfe.

    e Ich möchte bitte das Service-Team sprechen.
      ○ Kann das Service-Team mir helfen?
      ○ Könnte ich bitte das Service-Team sprechen?

    f Würdest du bitte das Fenster öffnen?
      ○ Ist ein Fenster geöffnet?
      ○ Machst du bitte das Fenster auf?

🔊 56  **11** Sehen Sie die Bildkarten an und bitten Sie höflich.
       Hören Sie dann und vergleichen Sie. ........./4 Punkte

*Könntest du mir bitte einen Stift leihen?*

(mir – leihen)   (kaufen)   (mir – geben)   (Mama – zurückrufen)   (mitbringen)

# Sprechen und Schreiben

**12  Am Telefon. Lesen Sie die Informationen. Kreuzen Sie dann an: Wer sagt das?** ___ /6 Punkte

**Das Telefon klingelt. Sie gehen ans Telefon.**
Aber was sagen Sie?

→ Zu Hause als Privatperson: Ihren Nachnamen oder Ihren Vor- und Nachnamen

→ Am Arbeitsplatz oder im Beruf: den Namen der Firma, Ihren Nachnamen ODER Ihren Vornamen und Nachnamen, einen Gruß

**Sie sind der Anrufer. Eine Person grüßt.**
Wie antworten Sie?

→ Sie sagen auch einen Gruß und Ihren Namen.

|   | Person im Beruf | Person zu Hause | Anrufer |
|---|---|---|---|
| a  Star-Elektro Discount, guten Tag. Mein Name ist Jürgensen. | ○ | ○ | ○ |
| b  Guten Tag. Hier spricht Miron. | ○ | ○ | ○ |
| c  Obst und Gemüse Schneider, guten Tag. | ○ | ○ | ○ |
| d  Hallo, Bruno. Hier ist Niko. | ○ | ○ | ○ |
| e  Thomas Braun. | ○ | ○ | ○ |
| f  Guten Tag, Herr Braun. Sandra Sommer hier. | ○ | ○ | ○ |

**SPRECHEN** ___ /16 Punkte

**13  Füllen Sie das Formular aus und schreiben Sie eine Nachricht.** ___ /4 Punkte

Christine Mahler macht Urlaub in Spanien. Aber sie hat ein Problem: Ihr Handy funktioniert im Ausland nicht. Sie benutzt das Kontakt-Formular im Internet und schreibt eine Nachricht an ihre Telefonfirma: Die Firma soll sie im Hotel anrufen. Christines Handynummer ist 0175/280280, ihre Telefonnummer im Hotel ist 0034 195 388-206.

Ihre Handynummer:           Vorname:           Nachname:
_____           _____    _____

Ihre Nachricht / Frage an die Phon-Systems:

Sehr geehrte Damen und Herren,
ich habe _____
Bitte _____
Mit freundlichen Grüßen
Christine Mahler

**SCHREIBEN** ___ /4 Punkte

| MEINE PUNKTE | | | | | ___ /60 Punkte | |
|---|---|---|---|---|---|---|
| 60–55: | 54–49: | 48–43: | 42–37: | 36–31: | 30–0: |
| Super! | Sehr gut! | Gut. | Es geht. | Noch nicht so gut. | Ich übe noch. |

# Grammatik

**1 Ergänzen Sie in der richtigen Form.** ___ / 4 (8 x 0,5) Punkte

a ◆ Wie findest du _das_ Bad?
  ○ Naja. _Das_ finde ich schon sehr klein.
  ◆ Und _dieses_ ?
  ○ _Das_ finde ich zu groß.

b ◆ Und? Wie gefällt dir _____ Hose?
  ○ _____ finde ich viel zu kurz.
  ◆ Und _____ ?
  ○ Ja, _____ passt.

c ◆ Guck mal, _____ Pullover ist doch schön.
  ○ Schön? _____ finde ich gar nicht schön.
  ◆ Und _____ ?
  ○ Ja, _____ ist okay.

**2 Ergänzen Sie.** ___ / 4 Punkte

a ◆ Ist das dein Auto?
  ○ Nein, das Auto gehört _ihr_ .

b ◆ Wie findest du die Jacke?
  ○ Die steht _____ sehr gut.

c ◆ Wie gefällt es Michael in Paris?
  ○ Es gefällt _____ sehr gut.

d ◆ Seht mal, da kommt euer Bus.
  ○ Unser Bus? Der Bus gehört doch nicht _____.
  ◆ Ha-ha-ha! Sehr lustig!

e ◆ Und? Wie ist der Kaffee?
  ○ Gut. Er schmeckt _____ wirklich sehr gut.

**3 Ergänzen Sie.** ___ / 6 (12 x 0,5) Punkte

a Anna isst _gern_ Pizza. Hanna isst _lieber_ Spaghetti.
  Und Johanna isst _am liebsten_ Pommes frites.

b Anna gefällt Joachim _____.
  Hanna gefällt ihm _____.
  Aber _____ gefällt ihm Johanna.

c Anna kann _____ tanzen, Hanna kann _____ tanzen.
  Und Johanna kann _____ tanzen.

d Anna hat zehn Blusen. Das ist _vi_____.
  Hanna hat zwanzig Blusen. Das ist _____.
  Und Johanna hat dreißig Blusen. Das ist _____.

e Anna mag die Berge _____. Hanna mag das Meer _____.
  Und Johanna mag die Berge und das Meer. Aber _____ mag sie den Wald.

GRAMMATIK ___ /14 Punkte

LEKTION 13

# Wortschatz

**4 Ergänzen Sie.** ___ / 8 Punkte

a ◆ Also, wohin gehen wir zuerst?
  ○ Wir müssen ins Untergeschoss. Ich brauche einen _____ .
  ◆ Gut. Ich brauche einen _____ .
     Die gibt es auch im Untergeschoss.
b ◆ Hm, wo sind denn hier die _____ ?
  ○ Da drüben!
  ◆ Wo?
  ○ Na, da! Siehst du sie nicht? Ich glaube, du brauchst eine _____ .
c ◆ Einkaufen macht hungrig. Ich brauche eine Pause.
  ○ Okay. Komm, wir essen eine _____ .
d ◆ Mario?! Ich fahre noch schnell zur Drogerie, ja? Wir haben keine _____
     und keine _____ mehr.
  ○ Ist gut. Bring bitte auch ein paar _____ mit.

**5 Ergänzen Sie in der richtigen Form.** ___ / 4 Punkte

anprobieren  gehören  passen  stehen

◆ Guck mal, der Rock. Was meinst du? _____ mir die Farbe?
○ Ich weiß nicht. Du kannst den Rock ja mal _____ .
◆ Nein, der _____ mir nicht. Der ist zu klein. – Oh, da liegt ein Schlüssel.
  _____ der dir?
○ Nein, das ist nicht mein Schlüssel.
◆ Hm, wir bringen den Schlüssel am besten zur Kasse ...

**6 Was passt? Ordnen Sie zu.** ___ / 3 (6 x 0,5) Punkte

die Bluse  ~~der Gürtel~~  das Hemd  die Hose  das Kleid  der Pullover  der Rock

| für Frauen | für Männer | für Frauen und Männer |
|---|---|---|
|  |  | der Gürtel |

WORTSCHATZ ___ / 15 Punkte

---

**LERNTIPP**

**Geschichten schreiben**
Sie möchten neue Wörter lernen? Schreiben Sie eine kurze Geschichte.

*Morgen fahre ich in den Urlaub. Heute packe ich meinen Koffer.
Ich nehme eine Hose und eine Jacke mit ... Oje! Wo sind meine Schuhe?*

Lernen Sie die Geschichte auswendig und sprechen Sie Ihre Geschichte immer wieder – in allen Situationen: beim Putzen, beim Kochen, im Bus ...

# Lesen

**7** Wer sagt das? Lesen Sie und ordnen Sie zu. ...... /3 (6 x 0,5) Punkte

Über Mode kann man lange sprechen. Jeder hat eine Meinung, oder?
Wir haben sechs Personen gefragt: **„Wie wichtig finden Sie Mode?"**
Hier sind die Antworten:

A
**Markus:** Mode ist für mich nicht wichtig. Menschen sind wichtig. Früher hat man eine Person gesehen und sofort gewusst: Die hat viel Geld und die hat nicht so viel Geld. Heute sieht man das nicht mehr so genau. Das finde ich gut.

B
**Jessica:** Natürlich ist Mode wichtig. Mit seiner Kleidung macht man eine Aussage. Ein Beispiel: Eine Frau zieht immer weite Hosen und Pullover an. Dann sagt sie: „Ich möchte nicht zu feminin sein. Mode ist mir nicht wichtig."

C
**Klaus:** Mode? Das ist ein langweiliges Thema. Wollen wir nicht über etwas anderes sprechen? Über Urlaub vielleicht? Oder über Fußball? Am meisten interessiere ich mich für Autos.

D
**Sybille:** Für mich ist mein Aussehen sehr wichtig. Bei der Arbeit und in der Freizeit muss alles passen: Haare, Kleidung, Schuhe, Kosmetik, Schmuck. Ich fühle mich dann besser.

E
**Peter:** Ich verstehe das ganze Thema Mode nicht. Heute ist das doch nicht mehr so wichtig. Ein Beispiel: mit Jeans in die Oper. Heute ist das kein Problem mehr. Das finde ich sehr gut. Ich will ja kein Model sein. Ich möchte Musik hören!

F
**Lina:** Sie fragen nach Mode? Soll das ein Witz sein? Wie soll ich das denn bezahlen? Miete, Lebensmittel, Heizung – alles ist so teuer. Für Mode habe ich kein Geld.

Diese Personen finden Mode wichtig: _____
Diese Personen finden Mode nicht (so) wichtig: _____

**8** Was sagen die Personen in 7? Was ist richtig?
Lesen Sie noch einmal und kreuzen Sie an. ...... /6 Punkte

A ○ Kleidung zeigt noch immer, wer Geld hat.
B ○ Mit Kleidung zeigt eine Person: So bin ich.
C ○ Mode ist nicht interessant.
D ○ Die richtige Kleidung für jede Situation ist wichtig.
E ○ Mit Jeans darf man nicht in die Oper gehen.
F ○ Mode ist günstig.

LESEN ...... /9 Punkte

LEKTION 13

# Hören und Sprechen

**PAUSE**

**Was bedeutet diese Redewendung? Kreuzen Sie an.**

> Kleider machen Leute.

die Leute (Pl.) = die Personen

○ Die Leute sollen selbst ihre Kleidung nähen. Das sieht am besten aus.
○ Man soll sich gut anziehen. Dann bekommt man mehr Respekt.

**9 Was kauft Heike? Hören Sie und kreuzen Sie an.** ...... / 6 Punkte

○ eine weiße Bluse
○ eine rosa Bluse
○ einen schwarzen Gürtel
○ einen braunen Gürtel
○ eine Jacke
○ einen Rock

HÖREN ...... / 6 Punkte

**10 Schreiben Sie die Fragen.** ...... / 6 Punkte

a  Sie suchen Sportkleidung und fragen an der Information: *Entschuldigung,*

b  Sie kaufen mit Ihrer Freundin ein. Zwei Kleider gefallen Ihnen sehr gut. Sie wollen aber nur ein Kleid kaufen und fragen Ihre Freundin:

c  Sie haben schöne Schuhe gesehen. Sie möchten aber eine andere Farbe: Braun. Sie fragen die Verkäuferin:

d  Sie haben eine Hose anprobiert. Aber sie ist zu groß. Sie haben Größe 38:

e  Sie wollen am Abend in einen Klub gehen. Sie haben zwei schöne Jacken. Sie fragen Ihren Freund:

f  Sie finden die Kasse nicht und fragen eine Verkäuferin:

# Sprechen und Schreiben

**11 Welche Antwort passt? Schreiben Sie.** ___ /4 (8 x 0,5) Punkte

|   | 🙂 | ☹️ |
|---|---|---|
| a Der Film „Sophie Scholl" gefällt mir nicht. | Mir schon. | Mir auch nicht. |
| b Evas Kuchen schmeckt mir sehr gut. | | |
| c So viel Sonne! Das Wetter heute gefällt mir. | | |
| d Röcke stehen mir nicht. | | |
| e Diese Schuhe sind zu klein. Sie passen mir nicht. | | |

**SPRECHEN** ___ /10 Punkte

**12 Lesen Sie und schreiben Sie Gosias Antwort an Steffi.** ___ /6 Punkte

> Hallo Gosia, heute nur ganz kurz – ich muss gleich zur Arbeit. Ja, ich habe ein Kleid für das Konzert gefunden. Es war aber nicht einfach. Ich war in fünf Geschäften und habe zwanzig Kleider anprobiert. Mein neues Kleid ist ziemlich teuer, aber es gefällt mir auch sehr gut. Und Du? Was ziehst Du heute Abend an? Hast Du etwas Neues gekauft? Hast Du auch so lange gesucht? Bis später! Steffi

Schreiben Sie:
– Sie war auch in fünf Geschäften, hat aber nichts gefunden.
– Jetzt zieht sie einfach einen Rock (blau) und eine Bluse (weiß) an.
– Vergessen Sie die Anrede und den Gruß am Ende nicht.

_____

Aber _____

Der Rock ist _____

Gosia _____

**SCHREIBEN** ___ /6 Punkte

| MEINE PUNKTE | | | | | | ___ /60 Punkte |
|---|---|---|---|---|---|---|
| 😃 60–55: | 🙂 54–49: | 🙂 48–43: | 😐 42–37: | ☹️ 36–31: | ☹️ 30–0: | |
| Super! | Sehr gut! | Gut. | Es geht. | Noch nicht so gut. | Ich übe noch. | |

# Grammatik

**1 Wann ist das? Schreiben Sie!** /3 Punkte

A: Klavierkonzert mit Julia Fischer — 12. MÄRZ STAATSOPER UNTER DEN LINDEN
Am zwölften März.

B: Wir heiraten & Ihr seid herzlich eingeladen! Wann: 21.11. Wo: Ulmer Münster

C: JETZT wieder im Kino: Bibi und Tina 7.–13.2.

D: Die Weihnachtsfeier des Sportvereins ist am 3.12. im Sportheim.

**2 Ersetzen Sie die markierten Wörter durch: er – sie – ihn.** /7 Punkte

Lissi ist auf einer Party. Dort sieht ...

> **Eine Liebesgeschichte**
> Lissi ist auf einer Party. Dort sieht <u>Lissi</u> einen interessanten Mann. Leider hat <u>der Mann</u> keine Augen für <u>Lissi</u>. „Was kann ich <u>den Mann</u> fragen?", denkt Lissi. – „Entschuldigen Sie, wie spät ist es?", fragt <u>Lissi</u> den Mann. „Zehn Uhr", antwortet <u>der Mann</u> und lacht: „Hast du keine Uhr?" „Doch." Lissi und der Mann lachen. Ein Kellner kommt und sieht <u>Lissi und den Mann</u> an. „Darf ich dich zu einer Cola einladen?", fragt der Mann. „Ja, gern."

**3 Ergänzen Sie: und – aber – denn.** /6 Punkte

a Ein Techniker muss kommen, _denn_ die Waschmaschine funktioniert nicht.
b Der Reparaturservice hat drei Stunden für die Reparatur gebraucht, _____ der Fernseher funktioniert immer noch nicht.
c Kamil soll zu Evas Silvesterparty kommen _____ er soll eine Freundin mitbringen.
d Weihnachten fahre ich zu meinen Eltern, _____ du musst nicht mitkommen.
e Abas feiert seinen Geburtstag nicht, _____ er mag Geburtstage nicht.
f Wir müssen keine Getränke für das Grillfest kaufen, _____ die bringt Raffael mit.
g Ich fahre gern mit dem Bus, _____ ich mag Autos nicht.

GRAMMATIK /16 Punkte

# Wortschatz

**4** Verbinden Sie und schreiben Sie. ..../ 5 Punkte

a zur Hochzeit — bekommen — Geschenke bekommen
b eine Hochzeit — schenken
c Geschenke — wünschen
d eine Einladung — gratulieren
e Blumen — feiern
f Glück — schicken

**5** Ordnen Sie zu. ..../ 8 Punkte

~~Arbeitsstelle~~ Bescheid endet Einladung feiern Abschied Freude gratuliere September

**A** Ich habe eine _Arbeitsstelle_ als Krankenpfleger gefunden. Am 1. _____ fange ich an. Das müssen wir _____: Am Freitag ab 19 Uhr in Aris Taverne. Kommt Ihr? Bitte gebt kurz _____.

**B** Ich _____ Dir zum neuen Job! Das ist super. Leider kann ich nicht kommen, denn an dem Tag _____ auch mein Deutschkurs. Der Kurs feiert zusammen _____.

**C** Danke für die _____. Leider bin ich am Freitag nicht dabei, denn ich muss arbeiten. Ich wünsche Dir schon heute viel _____ im neuen Job.

WORTSCHATZ ..../ 13 Punkte

### LERNTIPP

**Lückentexte**

1 Machen Sie eine Kopie von einem Text aus Ihrem Kursbuch oder von einem anderen Text mit wichtigen Wörtern.

2 Entfernen Sie die Wörter, die Sie lernen möchten (z. B. „denn", „und", „oder", „aber" …); oder alle Wörter zum Thema „Ostern"; oder alle Wörter, die mit dem Buchstaben „s" beginnen; oder jedes siebte Wort; oder …

3 Lassen Sie den Text zwei oder drei Tage liegen. Sehen Sie ihn nicht an. Füllen Sie erst nach zwei oder drei Tagen die Lücken wieder aus.

**So feiern wir in D-A-CH**

… Ben und ich machen am _____ immer ein _____ mit bunten _____. Danach …

LEKTION 14   70

# Lesen

**6 Lesen Sie schnell und ordnen Sie zu.** ...... / 3 Punkte

○ Ostern    ○ Silvester    ○ Karneval

A  Zwischen Weihnachten und Neujahr ist nur eine Woche. In dieser Zeit haben viele Leute Urlaub und sie besuchen ihre Familie. Ganz anders ist Silvester: Das neue Jahr wollen viele mit ihren Freunden begrüßen. Sie laden zu Partys und Abendessen ein oder gehen zusammen tanzen. Um 12 Uhr trinken sie Sekt und wünschen alles Gute für das neue Jahr. Natürlich gibt es auch in Deutschland Feuerwerk zu Silvester. Ins Bett geht man in dieser Nacht erst spät. Aber zum Glück ist der 1. Januar ein Feiertag. Da darf man ein bisschen länger schlafen!

B  Sicher kennen Sie die vier Jahreszeiten: Frühling, Sommer, Herbst und Winter. Aber es gibt noch eine fünfte Jahreszeit: den Karneval. Der Karneval beginnt am 11. November um 11 Uhr und 11 Minuten und endet meist im Februar. In der letzten Woche des Karnevals sind die Leute auf den Straßen und ziehen lustige Kleidung an. Sie tanzen, lachen, singen und feiern. Im Südwesten Deutschlands, in der Schweiz und im Westen Österreichs heißt der Karneval „Fasnacht". In anderen Teilen Österreichs und in Bayern sagt man „Fasching". In vielen Regionen denkt man bei dem Wort Karneval an den Rhein. Er ist der längste Fluss in Deutschland. Am Rhein liegen die großen deutschen Karnevalsstädte Mainz, Köln und Düsseldorf.

der Fluss

C  Schon kurz nach Weihnachten kann man sie kaufen: die ersten Schokoladen-Hasen. Der „richtige" Osterhase kommt aber erst Ende März oder im April zu den Kindern und bringt ihnen Eier. Eier? Kann ein Hase Eier legen? Die Geschichte vom Osterhasen beginnt vor mehr als 300 Jahren. Schon 1678 schreibt ein Arzt aus Heidelberg über diese Tradition. Zu dieser Zeit bringt aber nicht in allen Regionen ein Hase die Ostereier. Auch andere Tiere wie der Hahn oder der Fuchs hatten diese Aufgabe. Warum kein Huhn? Das weiß man bis heute nicht. Sicher ist: Eier legen können nur Hühner.

der Fuchs    der Hahn

**7 Was ist richtig? Lesen Sie noch einmal und kreuzen Sie an.** ...... / 6 Punkte

a Silvester feiern viele mit ○ der Familie. ○ Freunden.
b An Silvester gehen die Leute ○ zu Partys oder tanzen. ○ früh ins Bett.
c Die fünfte Jahreszeit ist ○ der Winter. ○ der Karneval.
d Es gibt viele Karnevalsstädte ○ in Österreich. ○ am Rhein.
e ○ An Weihnachten ○ An Ostern bekommen die Kinder Eier.
f In Deutschland bringt ○ das Huhn ○ der Osterhase die Eier.

LESEN ...... / 9 Punkte

# Hören und Sprechen

**PAUSE**

Lösen Sie das Rätsel.

In Deutschland, Österreich und der Schweiz feiert man nicht nur gern Weihnachten. Wie heißen die Feste? Ergänzen Sie und finden Sie die Lösung.

|   | 1 | | A | | | E | | | | |
|---|---|---|---|---|---|---|---|---|---|---|
| 2 | A | | | | I | | | | | |
|   |   | 3 | | | | L | | | | R |
|   |   | 4 | | A | S | | | | | |
|   |   | 5 | V | | | | | | T | |
|   |   | 6 | | | | U | | | G | |

Die Zeit vor Weihnachten heißt _____.

🔊 58–63  **8 Hören Sie und kreuzen Sie an.** _____ / 6 Punkte

|   |   | richtig | falsch |
|---|---|---|---|
| a | Die Konzerte sind am 6. und 7. Juli. | ○ | ○ |
| b | Die Großmutter hat am 18. Geburtstag. | ○ | ○ |
| c | Heute ist der 5. Februar. | ○ | ○ |
| d | Der Mann möchte Kinokarten für den 11. Mai. | ○ | ○ |
| e | Das Auto kommt am 15. September. | ○ | ○ |
| f | Dieter fährt am 26. April nach Wien. | ○ | ○ |

**HÖREN** _____ / 6 Punkte

**9 Was passt? Ordnen Sie zu und schreiben Sie die Gespräche.** _____ / 6 Punkte

~~Ich habe heute Geburtstag.~~   Ich lade dich zu meiner Abschiedsfeier ein.   ~~Wirklich? Alles Gute!~~
Ich habe am Samstag geheiratet.   Wir feiern am Samstag das Kurs-Ende. Im Irish Pub. Kommst du mit?
Tut mir leid, aber ich habe am Samstag keine Zeit.   Wir gratulieren zur Hochzeit.
Vielen Dank für die Einladung.

a ◆ Ich habe heute Geburtstag.
  ○ Wirklich? Alles Gute.

b ◆ _____
  ○ _____

c ◆ _____
  ○ _____

d ◆ _____
  ○ _____

**SPRECHEN** _____ / 6 Punkte

# Schreiben

**10 Hier sind sechs Fehler. Korrigieren Sie.** /5 Punkte

> **E-Mail senden**
>
> Lieber Karim,
> nächste Woche ~~bin~~ ich 25. Das möchte ich
> feiern und ich lade Dich für meiner Geburtstagsparty ein.
> Wir machen am Samstag, 19. Juli, ein Picknick am Main.
> Kommst Du? Ich werde mich freuen.
>
> Viele Gruß
> Dario

*werde*

> **E-Mail senden**
>
> Hallo Dario,
> vielen Dank für die Einladung. Tut mir leid, kann ich
> nicht kommen, denn ich bin am 19. Juli in der Schweiz.
> Ich wünsche Ihnen schon heute viel Spaß beim Fest.
>
> Karim

**11 Schreiben Sie eine Einladung.** /5 Punkte

- Sie schreiben an Frau Weigel, Ihre Deutschlehrerin.
- Sie laden Frau Weigel zu einem Grillfest ein.
- Sie grillen am 5. Mai ab 15 Uhr im Stadtpark.
- Sie bitten um Antwort.
- Sie grüßen.

**SCHREIBEN** /10 Punkte

**MEINE PUNKTE** /60 Punkte

| ☺ 60–55: | ☺ 54–49: | ☺ 48–43: | 😐 42–37: | ☹ 36–31: | ☹ 30–0: |
|---|---|---|---|---|---|
| Super! | Sehr gut! | Gut. | Es geht. | Noch nicht so gut. | Ich übe noch. |

73 LEKTION 14

# Lösungen

## Lektion 1

**1** a Woher b Wie c Was d Wie e Wer

**2** b Und wer bist du? c Ich heiße Sandra. d Woher kommst du? e Ich komme aus Österreich. f Ich spreche ein bisschen Englisch.

**3** ist, bin/heiße, kommen, komme/bin, ist

**4** a markieren, ergänzen, schreiben b lesen, hören, ansehen

**5** Familienname, Hausnummer, Vorname, Telefon, Straße, E-Mail, Postleitzahl, Stadt

**6** b Polnisch c Russisch d Englisch e Türkisch f Chinesisch

**7** a Nina; Leipzig; Deutschland; Deutsch, Englisch b El-Sharawi; Selim; Kairo; Ägypten

**8** Salü: Schweiz Moin: Norddeutschland Grüß Gott: Süddeutschland und Österreich Servus: Süddeutschland und Österreich

**9** a falsch b richtig c falsch

**10** b bitte c Danke d Entschuldigung, Tut mir leid

**11** a Tag, Ist … da, bitte, buchstabiere, Auf Wiederhören

**12** a mich b stimmt c Moment d Entschuldigung

**13** a Tschüs, Adresse, Straße
b leid, weiß, Wie heißen Sie

**14** Ich bin/heiße Thomas Steiner. Steiner ist der Familienname. Ich bin/komme aus Düsseldorf. Ich spreche Deutsch, Englisch und ein bisschen Italienisch.

## Lektion 2

**1** a lebe b heißen c kommt d wohnen e spricht f habt

**2** a bin b ist c bist, ist d sind e Seid, sind

**3** Aber **er** ist in München geboren, in Süddeutschland. Jans Eltern wohnen noch in München. **Sie** sind schon lange verheiratet. Jans Schwester heißt Katrin. **Sie** ist 17 und ledig. Jan ist verheiratet. Jans Frau kommt aus Hamburg. **Sie** heißt Anne. Jan und Anne haben eine Tochter. **Sie** heißt Paula und ist drei Jahre alt.

**4** a mein Mann, mein Sohn b mein Vater, mein Bruder, meine Mutter, meine Schwester

**5** b 90 28 c 14 04 12 d 54 76 21 e 13 11 17

**6** a falsch b richtig c richtig d richtig e falsch

**7** a der Schweiz. b der Schweiz. c zwei Brüder und eine Schwester. d Geschwister. e ledig.

**Pause** a Bern b Österreich c Deutschland d München e Wien f Berlin, **Die Stadt heißt** Bremen.

**8** a Frankfurt, eine Schwester, 12 16 20 b Leipzig, sind geschieden, acht und sieben

**9** 1 Gut, danke. 2 Super. 3 Naja, es geht. 4 Danke, sehr gut. 5 Ach, nicht so gut.

**10** Wie ist Ihre Adresse?, Wie ist Ihre Telefonnummer?, Wo sind Sie geboren?, Sind Sie verheiratet?, Haben Sie Kinder? / Haben Sie ein Kind?

**11** a Mutter b Mann c zusammen d Telefonnummer

**12** b Meine Schwester hat zwei Kinder. c Wie geht es Ihnen? d Wo bist du geboren?

**13** **Familienname**: Santini, **Vorname**: Giulia, **Heimatland**: Italien, **Geburtsort**: Rom, **Wohnort**: Duisburg, **Straße / Hausnummer**: Adlerstr. 80, **Telefonnummer**: 0203 / 4321, **Familienstand**: ledig

## Lektion 3

**1** b Kommst du aus Brasilien? c Wohnst du in Curitiba? d Wie ist deine Telefonnummer? e Bist du verheiratet? f Wo bist du geboren?

**2** a isst, esst, schmecken b isst, schmeckt, esse

**3** b ein c eine d keine e kein

**4** Äpfel, Bananen, Tomaten, Eier, Kartoffeln, Becher

**5** B Butter C Kartoffeln D Käse E Fisch F Reis G Kuchen

**6** Dose, Gramm, Flasche, Kilo, Packung, Liter

**Pause** b Bohne c Lauch d Karotte e Zucchini f Pilz g Mais h Paprika i Kartoffel

**7** b C c D d A e E

**8** a Tomaten b Joghurt c Cola

**9** a 2,99 € b 0,45 € c 1,20 €

**10** a Nein, tut mir leid. c Ja, natürlich. d Nein, danke. e Nein, nicht so gern.

**11** ○ Ja, natürlich. Wie viel brauchen Sie? ◆ Zwei Kilo, bitte. ○ Hier, bitte. Sonst noch etwas? ◆ Ja, vielleicht. Was kostet ein Kilo Tomaten? ○ 2,49 Euro. ◆ Gut, dann zwei Kilo, bitte. ○ Sonst noch etwas? ◆ Nein, danke. ○ Das macht dann zusammen 8 Euro 96.

**12** a Ja, sehr gern. c Das ist Sahne. d Das ist doch kein Joghurt, das ist Sahne.

**13** b Wo sind Fisch und Wein? c Ich habe noch Brötchen und Kuchen. d Essen Sie gern Äpfel und Käse? e Wir brauchen eine Packung Butter. f Was kosten hundert/100 Gramm Käse und ein Kilo Gemüse?

## Lektion 4

**1** b eine/die, Die c ein, Das d ein/der, Der

**2** a Es b Sie c sie d Es e Er

**3** b nicht c keine d nicht. e keine

**4** b rot c braun d grün e hellblau f dunkelblau g gelb h grau i weiß

5 **a** das Arbeitszimmer **b** das Bad **c** die Küche
**e** der Flur **f** das Schlafzimmer **h** das Wohnzimmer

6 **b** hässlich **c** alt **d** schmal **e** teuer **f** dunkel

7 **b** der Luxus-Typ, der Romantiker **c** der praktische Typ, der klassische Typ **d** der praktische Typ, der moderne Typ **e** der Luxus-Typ, der moderne Typ **f** der praktische Typ, der Romantiker

**Pause** **Lösung**: Wolkenkratzer

8 richtig: a, c, f, h

9 **Gespräch 1**: D, **Gespräch 2**: B, **Gespräch 3**: A, **Gespräch 4**: C

10 Ja, richtig, Wie groß, Welche Farbe, Schau mal, Ganz gut, oder

11 **a** Dort. **b** Ja. Sehr gut. **d** Ja. Dort. **e** Sehr gut. **f** Ungefähr drei Jahre alt. **g** 12 m².

12 Suche für Familie 4-Zi.-Wohnung, große Küche, m. Balk., bis 800 Euro warm

13 **Musterlösung**: Hallo, wir haben eine neue Wohnung! Sie ist 90 m² groß und (sie) hat vier Zimmer. Die Küche ist leider nur klein. Aber das Wohnzimmer ist groß und hell. Und sie kostet nur 700 Euro warm.
Ist das nicht super? Viele Grüße

## Lektion 5

1 **b** Lili räumt das Kinderzimmer auf. **c** Kaufst du heute ein? **d** Fangen die Kurse um halb neun an? **e** Ich rufe meine Mutter an. **f** Herr und Frau Kaiser sehen nicht gern fern.

2 **b** arbeitest **c** sieht fern, Fängt … an **d** arbeitet **e** schläft, stehen … auf

3 **a** Um **b** um **c** Am, am

4 **b** Von Montag bis Freitag geht er zum Deutschkurs. **c** Am Nachmittag geht er spazieren. **d** Am Abend macht er Hausaufgaben. **e** Um elf Uhr geht er ins Bett. **f** Jeden Sonntag ruft er seine Eltern an.

5 **A** Musik hören **B** spazieren gehen **C** einkaufen **D** arbeiten **E** aufräumen **F** spielen

6 **b** Mittwoch **c** Woche **d** raten **e** arbeiten

7 Ja: c, e

8 **a** zehn Uhr **b** am Nachmittag **c** Kinokarten **d** Der Himmel über Berlin **e** fünf Uhr **f** halb sechs

9 **a** Am Freitag. **b** Jeden Tag. **c** Am Vormittag oder am Nachmittag. **d** Von 10 bis 17 Uhr.

10 **b** Julia **c** Daniel **d** Julia **e** Daniel

**Pause** B Hans ist ein Sonntagskind. A Es ist nicht alle Tage Sonntag.

11 **b** vierzig nach zehn **c** halb nach elf **d** fünf nach sieben Uhr **e** fünfzehn vor neun **f** vier vor eins Uhr

12 **a** Ich koche gern. **b** Ich kaufe gern ein. **c** Ich räume nicht gern auf. **d** Ich arbeite gern und ich stehe gern früh auf. **e** Ich spiele nicht gern.

13 **Musterlösung**: Hallo Sabrina, hast Du am Samstag Zeit? Gehen wir einkaufen? Ich habe am Nachmittag Zeit. Am Vormittag habe ich Deutschkurs. Emilia

Hallo Emilia, am Samstag habe ich leider keine Zeit. Meine Schwester kommt. Sabrina

## Lektion 6

1 **b** einen **c** einen **d** keinen **e** Der **f** der **g** keinen

2 **A** keine, kein **B** die, der, eine **C** einen, einen

3 **a** nimmt **b** fährt **c** trifft **d** liest, sieht fern

4 **a** Osten, Süden, Westen **b** Regen, Sonne, Wolke

5 **b** Lieblingsessen **c** Lieblingsgetränk **d** Lieblingsstadt **e** Lieblingsbuch **f** Lieblingsfarbe **g** Lieblingsmusik

6 **b** grillen **c** machen **d** treffen **e** sehen

7 **b** arbeitet. **c** grillt. **d** schläft. **e** wandern.

8 **a** richtig, falsch **b** richtig, falsch **c** richtig, falsch

9 1 Gut. Die Sonne scheint. 2 Nicht so gut. Es schneit. 3 Nicht so gut. Es ist windig. 4 Nicht so gut. Es regnet.

10 **a** Gute Idee! **b** Kein Problem. Ich trinke einen Tee. **c** Ja, sehr oft. Das macht Spaß. **d** Ja, ich finde Krimis interessant. **e** Na gut. **f** Gern. Moment mal … wir haben keine Kartoffeln mehr.

11 Nein, Doch, Nein, Ja, Nein, Doch

**Pause** (von oben nach unten) der Frühling, der Sommer, der Herbst, der Winter

12 2 wir schreiben heute aus Österreich. 3 Wir sind eine Woche hier 4 und sehen viel. Es ist alles sehr schön hier. 5 Auch das Wetter ist gut. 6 Die Sonne scheint jeden Tag. 7 Morgen fahren wir wieder nach Hause. Leider! 8 Viele Grüße von Björn und Emmy

13 **Musterlösung**: Lieber Farhad, ich schreibe aus Berlin. Ich bin drei Tage hier. Alles ist sehr schön./Es ist alles sehr schön hier. Das Wetter ist leider nicht gut./Leider ist das Wetter nicht gut. Am Samstag fahre ich nach Hause. Viele Grüße Dario

## Lektion 7

1 **a** Kannst **b** kann, will **c** wollen

2 **b** E **c** I **d** G **e** H

3 **b** Kannst du bitte die Sprachschule anrufen? **c** Ich kann sehr gut Gitarre spielen. **d** Habt ihr heute schon E-Mails geschrieben? **e** Nikos will in Karlsruhe studieren. **f** Was willst du am Nachmittag machen? **g** Wann bist du nach Hause gekommen?

4 **ge … -(e)t**: gekocht, gelernt, gespielt; **ge … -en**: gefahren, gelesen, geschrieben

# Lösungen

**5** b ist c hat d hat e ist f hat

**Pause** Karli kann nicht gut Englisch und nicht gut Französisch sprechen.

**6** A reiten B malen C Tennis spielen D singen

**7** b Tennis c schicken d Frühstück e schmecken f Kurse g Training h eine Sprache i Handstand

**8** b gelernt c studiert d studiere e übt f gelernt/geübt g geübt h studieren

**9** b 2 c 1 d 5 e 3

**10** a hört deutsche Lieder. b liest Kinderbücher. c spricht viel Deutsch. d lernt in einem Kurs. e sieht Soap-Operas.

**11** a Nein, ich kann gar nicht malen. b Ja, schon öfter. c Ja, gern. d Nein, noch nie. e Ja, ein bisschen. f Ich finde Radiohören wichtig. g Das mache ich auch und das hilft. h Schwimmen. Das kann ich nicht.

**12** b Stress c schreiben d schicken e spielen f stricken g stimmen

**13** a Sara geht zur Schule. Sie schreibt ein Diktat. Aber sie versteht die Lehrerin nicht. b Sara möchte mit Niko spazieren gehen und spielen. Sie will auch in die Stadt fahren. Aber es ist schon spät.

## Lektion 8

**1** a Vor drei Monaten. c Seit drei Monaten. d Für drei Monate.

**2** b waren c hatten d war, habe e war

**3** a hattest, war b war, war, hatte c waren, hatten

**Pause** Es ist Donnerstag!

**4** **Musterlösung**: das Arbeitszimmer, arbeiten, der Arbeitsplatz, der Arbeiter/die Arbeiterin

**5** b Der Journalist macht Interviews. c Die Köchin kocht und backt. d Die Hausfrau arbeitet zu Hause: Sie kocht und räumt auf. e Die Krankenschwester hilft Patienten. f Die Studentin studiert an der Universität. g Der Reiseführer arbeitet in der Tourismusbranche. h Der Kellner bringt im Restaurant das Essen.

**6** a richtig b arbeiten heute viele Frauen. c richtig d im Büro arbeiten. e falsch f Kfz-Mechatroniker werden.

**7** a Am Donnerstag um 14 Uhr. b Diplom-Kauffrau. c Vor zwei Wochen. d Chefin. e Auto fahren. f 3 Stunden.

**8** a Was sind Sie von Beruf? b Wann sind Sie geboren? c Wann haben Sie Ihr Diplom gemacht? d Seit wann sind Sie in Köln?/Wie lange leben Sie schon in Köln? f Wie lange lernen Sie schon Deutsch? g Seit wann sind Sie arbeitslos?

**9** 2 Ja, die ist noch frei. Haben Sie denn schon Kenntnisse im Bereich Eventmanagement? 3 Ja. Ich studiere Wirtschaft in Krakau. Wir hatten auch einen Kurs in Eventmanagement. 4 Aha, Sie sind Studentin. Dann möchten Sie das Praktikum sicher in den Semesterferien machen, oder? 5 Ja. Geht das ab Juli? 6 Ja, das geht. Aber wir suchen Praktikanten für mindestens drei Monate. 7 Das ist kein Problem. Ich habe von Juli bis September Zeit. Das Semester beginnt erst im Oktober. 8 Das ist gut. Dann schicken Sie Ihre Bewerbung bitte per E-Mail. 9 Ja, das mache ich ... Eine Frage noch: Wie ist die Arbeitszeit? 10 Praktikanten arbeiten bei uns normalerweise von Montag bis Freitag von 9 bis 17 Uhr. 11 Aha, und bekomme ich für das Praktikum auch Geld? 12 Ja, wir zahlen 500 Euro pro Monat. 13 Oh, super. Vielen Dank für die Informationen. Auf Wiederhören.

**10** 1 ich habe Ihre Anzeige auf www.study-jobs.net gelesen. 2 Ich bin Schwedin und studiere zurzeit Informatik in Leipzig. 4 Ich mag Kinder und habe auch schon Erfahrung mit Kindern: 5 Vor zwei Jahren habe ich schon als Au-pair bei einer Familie in Nürnberg gearbeitet. 6 Für weitere Informationen stehe ich Ihnen gerne zur Verfügung.

**11** **Musterlösung**: Sehr geehrte Frau Bader, ich habe Ihre Anzeige auf www.study-jobs.net gelesen. Sehr gerne möchte ich als Babysitterin arbeiten. Ich bin Engländerin. Am Vormittag mache ich einen Deutschkurs. Am Nachmittag und am Abend habe ich Zeit. Ich habe auch schon viel Erfahrung mit Kindern: Ich habe drei kleine Geschwister. Ich arbeite gerne als Babysitterin. Für weitere Informationen stehe ich Ihnen gerne zur Verfügung.
Mit freundlichen Grüßen Cathy Green

## Lektion 9

**1** b Man muss sofort die Polizei anrufen. c Man muss zuerst im Wartezimmer warten. d Man muss an der Universität studieren. e Man muss im Wörterbuch suchen.

**2** b Hier dürfen wir nicht Fußball spielen. c Hier dürfen wir nicht parken. d Hier dürfen wir nicht essen.

**3** b dürfen nicht c musst nicht d darfst ... nicht e dürfen ... nicht

**4** **Typ „kommen"**: Schließ! Schließt! Schließen Sie!; Besuch! Besucht! Besuchen Sie! **Typ „helfen"**: Gib! Gebt! Geben Sie!; Sprich! Sprecht! Sprechen Sie! **Typ „aufstehen"**: Mach aus! Macht aus! Machen Sie aus! Hör zu! Hört zu! Hören Sie zu!

**5** b ausmachen c buchstabieren d helfen

**6** warten, rauchen, ausfüllen, verstehe, helfen

**7** **Man soll**: in einem Café frühstücken, eine Führung machen, ein Bier trinken

**8** b richtig c falsch d falsch e richtig f richtig

**9** b eine Kaution c 270 Euro. d am Sonntagnachmittag e auf dem Parkplatz.

**Pause** 1 Touristeninformation 2 Einzelzimmer 3 Eintritt 4 Doppelzimmer 5 Sehenswürdigkeit 6 Ermäßigung 7 Rezeption 8 Blick

**10** b 5 c 4 d 1 e 2

**11** ○ Ja, bitte. Haben Sie noch ein Einzelzimmer? ◆ Ja, natürlich. Wie lange möchten Sie bleiben? ○ Nur bis morgen. ◆ Also, eine Nacht. Mit Frühstück? ○ Ja, gern. Was kostet das? ◆ Eine Nacht im Einzelzimmer mit Frühstück, das sind 92 Euro. ○ Gut, ich nehme das Zimmer. ◆ Sehr gern. Dann müssen Sie nur noch das Formular hier ausfüllen. ○ Natürlich. Hier bitte. Eine Frage noch: Von wann bis wann gibt es Frühstück? ◆ Frühstück gibt es von 7 bis 10. Hier ist Ihr Schlüssel, Zimmer 546.

**12** a Trinken Sie viel Tee! b Nimmst du noch ein Stück Kuchen? c Nimm doch noch einen Apfel! d Bringen Sie bitte das Formular mit! e Muss ich hier unterschreiben? f Sprich langsam!

## Lektion 10

**1** b Sein c Ihr d sein e seine f ihre g Ihre

**2** b Meine c dein/ d ihren, seinen e eure

**3** B soll zu Hause bleiben. C soll mitspielen. D soll den Hund in den Garten bringen.

**4** b sollen c müssen d muss e sollt f soll

**5** a der Fuß b das Bein c die Hand d das Ohr e das Auge f der Arm

**6** Schmerzen, Tabletten, Salbe, Husten, Schnupfen, Rücken

**Pause** B Ich habe Schnupfen.

**7** a 3 b 1 c 4 d 2

**8** a richtig b falsch c richtig

**9** Gespräch 1: C, Gespräch 2: A, Gespräch 3: B

**10** richtig: a, d, e, f

**11** A Meine Augen tun weh. B Mein Bein tut weh. C Mein Kopf tut weh. / Ich habe Kopfschmerzen. D Mein Fuß tut weh. E Meine Hand tut weh. F Mein Bauch tut weh. / Ich habe Bauchschmerzen.

**12** b1 c4 d2 e3

**13** Guten Tag, hier spricht Miller. Ich brauche bitte einen Termin bei Frau Doktor Ewers., Kann ich bitte schon heute kommen? Es ist dringend., Erst morgen? Ich habe aber starke Schmerzen., Oh, gut. Dann komme ich sofort.

**14** Sehr geehrte Damen und Herren, wir sind eine Gruppe von 8 Personen und möchten gern zu Ihnen kommen. Ich habe folgende Fragen: Haben Sie vom 1. bis 7. Juli 4 Doppelzimmer frei? Was kosten die Massagen und die Sportangebote? Haben Sie Tipps für Ausflüge in die Natur? Vielen Dank für Ihre Auskunft. Mit freundlichen Grüßen

## Lektion 11

**1** b der c den d dem e dem f der

**2** b nach c ins d zu e in der f zum g beim

**3** a beim, nach, zum b zur, zum c zu, bei, zu

**4** A Tankstelle B Metzgerei C Apotheke D Werkstatt E Kiosk F Bahnhof H Bank

**5** a Abfahrt b Ankunft d Verspätung

**6** richtig: b, d, e

**7** a richtig b richtig c falsch d falsch e falsch

**Pause** A Zug B Bus C Fahrrad D Taxi E Auto F S-Bahn G Flugzeug **Lösung**: Lara ist zu Hause.

**8** b Wohin? (zum) Museum, **Wie?** mit dem Bus c Wohin? (zum) Kindergarten, **Wie?** mit dem Auto d **Wohin?** (zum) Bahnhof, **Wie?** mit dem Taxi

**9** a einfache Fahrkarte b muss umsteigen c S-Bahn d 15.05 Uhr

**10** Musterlösung b Gehen Sie zuerst geradeaus und dann die dritte Straße rechts. Der Bahnhof ist links. c Gehen Sie geradeaus und dann die erste Straße links. Der Bahnhof ist rechts. d Gehen Sie gleich hier links und dann die zweite Straße rechts. Der Bahnhof ist links.

**11** a Wann fährt der nächste Zug nach Dortmund? b Von welchem Gleis fährt der Zug ab? c Wann kommt der Zug in Dortmund an? d Muss ich umsteigen? f Bekomme ich die Fahrkarte bei Ihnen oder am Fahrkartenautomaten? / Wo kann ich die Fahrkarte kaufen?

**12** Musterlösung: ich komme/ fahre mit dem Zug. Mein Zug kommt am Samstag um 9.10 Uhr am Hauptbahnhof an. Du musst mich nicht abholen. Ich fahre mit dem Bus. Ich bleibe bis Sonntag. Mein Zug fährt um 15.30 Uhr (ab).

## Lektion 12

**1** B vor der C vor dem D beim E beim F nach der

**2** a einer b einem, einer c einem d einer e einer

**3** b Würden Sie bitte Frau Hellmann zurückrufen? c Könnten Sie bitte den Techniker anrufen? d Würdest du schnell zum Supermarkt fahren? e Könntest du bitte sofort kommen?

**4** b fertig c an d spricht e zurück

**5** b das Handy anmachen, das Handy ausmachen c den Herd anmachen, den Herd ausmachen d den Drucker anmachen, den Drucker ausmachen e ein Foto machen f das Fenster aufmachen, das Fenster zumachen g die Reparatur machen

**6** b Bescheid sagen c ein Gerät reparieren d Fehler machen e Geld sparen

**Pause** a Garantie b Mailbox c Papier d Übersetzung e Reparaturservice f Beratung g Rechnung **Lösung**: Toaster

**7** b 0172 / 13 45 33 c 872-13 d 0203 / 65 02 e 0800 22 44 88 f 0175 / 21020

**8** a Ein Auto mieten. b Herrn Meyer informieren. c Eine Stadtrundfahrt organisieren.

**9** a 83 38 82, drei b 10.30 Uhr (halb elf), hat Verspätung. c mittags / am Mittag, fünfzehn Uhr.

**10** a Mein Fernseher funktioniert nicht. b Wie kann ich Ihnen helfen? c Wie lange brauchen Sie für die Reparatur? d Ich brauche Ihre Hilfe. e Könnte ich bitte das Service-Team sprechen? f Machst du bitte das Fenster auf?

**11** Könntest du bitte Obst kaufen?, Könntest du mir bitte das Wörterbuch geben?, Könntest du bitte Mama zurückrufen?, Könntest du bitte eine Zeitung mitbringen? / Könntest du bitte die Zeitung mitbringen?

**12** a Person im Beruf b Anrufer c Person im Beruf d Anrufer e Person zu Hause f Anrufer

# Lösungen

**13** **Ihre Handynummer:** 0175/280280 • **Vorname:** Christine • **Nachname:** Mahler
Sehr geehrte Damen und Herren,
ich habe ein Problem: Mein Handy funktioniert im Ausland nicht. Bitte rufen Sie in meinem Hotel an. Die Telefonnummer ist 0034 195 388-206.
Mit freundlichen Grüßen
Christine Mahler

## Lektion 13

**1** **b** die/diese, Die, diese, die **c** der/dieser, Den, dieser, der

**2** **b** dir **c** ihm **d** uns **e** mir

**3** **b** gut, besser, am besten **c** gut, besser, am besten **d** viel, mehr, am meisten **e** gern, lieber, am liebsten

**4** **a** Koffer, Regenschirm **b** Jacken, Brille **c** (Brat-)Wurst **d** Seife, Zahnpasta, Zahnbürsten

**5** Steht, anprobieren, passt, Gehört

**6** **für Frauen**: die Bluse, das Kleid, der Rock, **für Männer**: das Hemd, **für Frauen und Männer**: die Hose, der Pullover

**7** **Diese Personen finden Mode wichtig**: Jessica, Sybille
**Diese Personen finden Mode nicht wichtig**: Markus, Klaus, Peter, Lina

**8** **richtig**: B, C, D

**Pause** Man soll sich gut anziehen.
Dann bekommt man mehr Respekt.

**9** eine weiße Bluse, eine rosa Bluse, einen schwarzen Gürtel, einen Rock

**10** **a** Entschuldigung, wo finde ich Sportkleidung? **b** Welches Kleid steht mir besser? / Welches Kleid gefällt dir besser? / Welches Kleid findest du besser? **c** Gibt es die Schuhe auch in Braun? **d** Haben Sie die Hose auch in Größe 38? **e** Welche Jacke gefällt dir besser? / Welche Jacke findest du besser? / Welche Jacke steht mir besser? **f** Wo ist denn die Kasse, bitte?

**11** **b** Mir auch., Mir nicht. **c** Mir auch., Mir nicht. **d** Mir schon., Mir auch nicht. **e** Mir schon., Mir auch nicht.

**12** **Musterlösung**: Hallo Steffi, ich war auch in fünf Geschäften. Aber ich habe nichts gefunden. Jetzt ziehe ich einfach meinen Rock und meine Bluse an. Der Rock ist blau und die Bluse ist weiß. Viele Grüße Gosia

## Lektion 14

**1** **B** Am einundzwanzigsten November. **C** Vom siebten bis dreizehnten Februar. **D** Am dritten Dezember.

**2** Lissi ist auf einer Party. Dort sieht **sie** einen interessanten Mann. Leider hat **er** keine Augen für **sie**. „Was kann ich **ihn** fragen?", denkt Lissi. – „Entschuldigen Sie, wie spät ist es?", fragt **sie** den Mann. „Zehn Uhr", antwortet **er** und lacht: „Hast du keine Uhr?" „Doch." Lissi und der Mann lachen. Ein Kellner kommt und sieht **sie** an. „Darf ich dich zu einer Cola einladen?", fragt der Mann. „Ja, gern."

**3** **b** aber **c** und **d** aber **e** denn **f** denn **g** denn

**4** **a** zur Hochzeit gratulieren **b** eine Hochzeit feiern **d** eine Einladung schicken **e** Blumen schenken **f** Glück wünschen

**5** **A** September, feiern, Bescheid **B** gratuliere, endet, Abschied **C** Einladung, Freude

**6** **Ostern**: C, **Silvester**: A, **Karneval**: B

**7** **a** Freunden **b** zu Partys oder tanzen **c** der Karneval **d** am Rhein **e** An Ostern **f** der Osterhase

**Pause** 1 Karneval 2 Abschied 3 Silvester 4 Ostern 5 Valentinstag 6 Geburtstag **Lösung:** Advent

**8** **a** richtig **b** richtig **c** falsch **d** richtig **e** falsch **f** richtig

**9** **b** Ich lade dich zu meiner Abschiedsfeier ein. – Vielen Dank für die Einladung. **c** Ich habe am Samstag geheiratet. – Wir gratulieren zur Hochzeit. **d** Wir feiern am Samstag das Kurs-Ende. Im Irish Pub. Kommst du mit? – Tut mir leid, aber ich habe am Samstag keine Zeit.

**10** ich lade Dich **zu** meiner Geburtstagsparty ein., Ich **würde** mich freuen., Viele **Grüße**, Tut mir leid, **ich kann** nicht kommen, ich wünsche **euch/Dir**

**11** **Musterlösung**: Liebe Frau Weigel, ich lade Sie zu meinem Grillfest ein. / ich möchte Sie zu meinem Grillfest einladen. Wir grillen am 5. Mai ab 15 Uhr im Stadtpark. Kommen Sie (auch)? Ich würde mich freuen. Herzliche Grüße

# Quellenverzeichnis

Cover: © Thinkstock/iStock/Natalya Filimonova

S. 6: A © Thinkstock/Stockbyte/Jupiterimages; B © Thinkstock/iStock/nicomenijes

S. 7: Mann © Thinkstock/Hemera/Zsolt Nyulaszi; Frau © fotolia/Andrey_Arkusha

S. 8: Ü14 © Thinkstock/iStock/VALPAZOU

S. 9: Ü1: oben © Thinkstock/iStock/BerryHappy; unten © Thinkstock/Purestock; Ü3 © Thinkstock/moodboard

S. 11: Ü7 © Thinkstock/iStock/Siri Stafford; Stadt © Thinkstock/iStock/typhoonski

S. 13: © Thinkstock/iStock/Dean Mitchell

S. 15: A © iStock/SednevaAnna; B © Thinkstock/iStock/LeventKonuk; C © Thinkstock/iStock/SvetlanaK; D © Thinkstock/iStock/Frans Rombout; E © fotolia/photocrew; F © Thinkstock/iStock/Andrii Gorulko; G © Thinkstock/iStock/Werner Münzker

S. 17: A © Thinkstock/iStock/gpointstudio; B © Thinkstock/iStock/Lesyy

S. 21: Ü7 © PantherMedia; Pause © MEV/Koserowsky Carola

S. 22: © Thinkstock/iStock/vitapix

S. 29: © fotolia/Peter Atkins

S. 30: Ü4a © fotolia/Ruediger Rau

S. 31: alle Smileys © Thinkstock/iStock/Tigatelu; Anas © MEV; LinusF © fotolia/Zerbor; Katja © Thinkstock/iStock/max-kegfire; Murat © PantherMedia/Igor Zhorov; Wanderfreundin © fotolia/Dudarev Mikhail

S. 35: Ü5 © fotolia/Sebastiano Fancellu

S. 41: Ü6 © Thinkstock/iStock/domoyega

S. 42: Ü9 © Thinkstock/iStock/dolgachov

S. 46: Ü7 © Thinkstock/iStock/scanrail; Ü8: B © Thinkstock/iStock/aimy27feb; F © iStock/furtaev

S. 47: © Thinkstock/iStock/kzenon

S. 53: Ü12 © fotolia/RUSLAN GUZOV

S. 60: © Thinkstock/iStock/Urszula Trzaskowska

S. 62: Ü8 © iStock/dcbog

S. 66: A © iStock/Petar Chernaev; B © Thinkstock/iStock/m-imagephotography; C © fotolia/Galina Barskaya; D © Thinkstock/iStock/Goodluz; E © Thinkstock/iStock/m-imagephotography; F © Thinkstock/iStock/NADOFOTOS

S. 67: © Thinkstock/Creatas Images

S. 72: 1 © iStock/onfilm; 2 © PantherMedia/ngocdai86; 3 © Thinkstock/iStock/SamRyley; 4 © Thinkstock/iStock/juefraphoto; 5 © fotolia/Corinna Gissemann, 6: Matthias Kraus, München

Bildredaktion: Iciar Caso, Hueber Verlag, München